1913—1916

RE-EXPLORATION OF KASHGAR AND
KHOTAN ANCIENT SITE

主编：巫新华

西域游历丛书

10

和田古遗址

喀什噶尔与

再探

SIR AUREL STEIN

[英] 奥雷尔·斯坦因 著

龚国强 译

GUANGXI NORMAL UNIVERSITY PRESS

广西师范大学出版社

·桂林·

再探喀什噶尔与和田古遗址

ZAITAN KASHIGA'ER YU HETIAN GUYIZHI

图书在版编目（CIP）数据

再探喀什噶尔与和田古遗址 /（英）奥雷尔·斯坦因著；龚国强译. 一桂林：广西师范大学出版社，2020.6
（西域游历丛书）
ISBN 978-7-5495-2882-0

Ⅰ. ①再… Ⅱ. ①奥…②龚… Ⅲ. ①文化遗址－考察－喀什噶尔②文化遗址－考察－和田地区 Ⅳ. ①K878.04

中国版本图书馆 CIP 数据核字（2020）第 076452 号

广西师范大学出版社出版发行

（广西桂林市五里店路 9 号　邮政编码：541004）
（网址：http://www.bbtpress.com）
出版人：黄轩庄
全国新华书店经销
广西广大印务有限责任公司印刷
（桂林市临桂区秧塘工业园西城大道北侧广西师范大学出版社集团有限公司创意产业园内　邮政编码：541199）
开本：787 mm × 1 092 mm　1/32
印张：9.125　　字数：190 千
2020 年 6 月第 1 版　　2020 年 6 月第 1 次印刷
印数：0 001~8 000 册　　定价：52.00 元

出版说明

　　1900—1901年、1906—1908年、1913—1916年，英籍匈牙利人奥雷尔·斯坦因先后到我国新疆及河西地区进行探险考古，并先后出版了这三次探险考古报告：《中国新疆考古发掘的详细报告》《西域考古图记》《亚洲腹地考古图记》。这三部著作是斯坦因的代表作，较全面地记述了我国新疆汉唐时期的遗迹和遗物，以及敦煌石窟宝藏与千佛洞佛教艺术，揭开了该地区古代文明面貌和中西文明交流融合的神秘面纱。此外，斯坦因还详细描述了深居亚洲腹地的中国新疆和河西地区的自然环境，以及山川、大漠、戈壁、雅丹、盐壳等地貌的种种奇妙景观。斯坦因的著作为人们打开了此前"未知世界"的大门，当时在国际上引起了巨大轰动，西方列强的学者们对此垂涎欲滴，纷至沓来，形形色色的探险家也紧随其后，蜂拥而至。

　　斯坦因的这三次探险考古活动，足迹遍布塔里木盆地、吐鲁番盆地和天山以北东部地区，几乎盗掘了我国汉唐时期所有重要的古遗址和遗迹，对遗址和遗迹造成了严重破坏，所出文物也几乎被席卷一空，并运往英属印度和英国本土。此外，斯坦因在河西敦煌以及内蒙古额济纳旗黑城等地也进行了大肆的盗掘和劫掠，其中尤以对敦煌石窟宝藏的劫掠最为臭名昭著。可以说，在20世纪30年代之前，斯坦因是我国西部地区古遗址最大的盗掘者和破坏者，是劫掠中国古代文物的第一大盗。斯坦因的上述著作是西方列强侵犯我国主权的铁证，同时也为那段令国人屈辱的历史留下了真实的记录。因此，我们在阅读斯坦因上述著作时，一定要牢记惨痛历史，勿忘国耻。

斯坦因上述三次考古报告都是综合性的学术性专著。为了方便一般读者更多地了解斯坦因在我国塔里木盆地、吐鲁番盆地和天山以北东部以及河西敦煌等地区的发掘工作和搜集文物的情况，我们对上述三次考古报告原著做了一些技术性处理：根据原著各章内容的关联性进行分册，删除一些专业性特别强的内容，将插图进行适当调整并重新编序等。

本册出自《亚洲腹地考古图记》：1913年7月31日，斯坦因从克什米尔起程，开启了第三次中亚探险旅程。与前两次不同，斯坦因此次探险的首要目标，是对尼雅遗址、瓦石峡遗址、米兰遗址等进行补充性考古发掘。

目　录

第五章　　前往罗布泊的途中

第一章

穿越齐拉斯、达丽尔和丹吉尔

第一节　从克什米尔到齐拉斯

1912年夏在克什米尔时，我就已制订了第三次中亚探险的计划，期望寻找一条向北翻越崇山峻岭直达帕米尔中国新疆边境的路线，以争取时间考察从前未曾探察过的兴都库什地区的地理和文物古迹。我在前几次考察时，是从奇特拉尔和罕萨山谷翻过兴都库什主脉的，这使我感到筋疲力尽。同样，我对1908年返回时所走的通过拉达克和翻越喀拉昆仑的迂回路线也毫无兴趣。但是未曾料到，这次探险开头时的运气非常好，我所梦寐以求的一条新路终于被打通了。

我对从北面的齐拉斯至印度河重地达丽尔和丹吉尔山谷这一段的考古调查一直抱有很大的兴趣。这是因为从阿姆河上游到印度河的一条道路经过达丽尔以及印度东北部，而根据中国佛教徒的记载，达丽尔或达丽罗曾有一些佛教圣地，而且还有记载提到那里曾有过一座著名的佛教寺院。另外一个原因是当地达尔德人社会政治动荡，像整个印度河科希斯坦一样，分裂成了许多独立的小国，通向这些地方的道路被切断，所以这一地带实际上还未开放。此地民众改信伊斯兰教的时间相对较晚，宗教信仰仍十分狂热。虽然英国控制地区的东面和北面与它们相邻，但欧洲人从未涉足过那里。

近年来，帕赫东·瓦利成功登上了丹吉尔统治者的地位，他是胡希瓦克特家族的后裔、米尔·瓦利（曾是亚辛的统治者）的儿子。1895年，他作为奇特拉尔的难民第一次冒险进入丹吉尔，凭借坚强的性格和不讲道德原则的阴谋手段，1900年就成功地将其影响范围扩大到了达丽尔以及印度河以南的一些小"国"。他靠着雇佣兵在兴都库什建立了自己的王国后，认识到巩固其统治的必要性，又兼而考虑到为他的后代继承王位的问题寻求外来的支持，遂逐步改变了对英国势力的敌视态度，并影响到了他对狂热的科希斯坦部落问题的处理。1913年早春，他采取了切实的措施来寻求与吉尔吉特政治办事处间的友好关系。

当我得知这个消息后，立即决定利用这个千载难逢的机会去面见罗阇（意为王——译者）帕赫东·瓦利，以寻找我所渴求的一条通向帕米尔的新路。我以前曾希望经过齐拉斯和亚辛的大道，是因为我尚未接触过这块遥远的土地的地理和历史。达丽尔和丹吉尔正好处于前两者之间，所以对此地区做一次考察不仅是可能的，而且不需要花费多少时间。为了实现我计划已久的考察，必须做精心的准备，进行外交上的协调，以面见罗阇帕赫东·瓦利，从而取得他的支持。住在克什米尔的斯图尔特·弗雷泽爵士对我的计划很感兴趣，并给予了大力的帮助。正是他的鼎力支持，我的计划得到了印度外交部的同意，并取得了当地首领对我访问其领地的允许，其所附条件首先是保证他的政治利益。虽然政府接受这些条件是权宜之计，但对保证我的安全无疑是有利的。

到1913年5月底，我才拿到关于考察的批准书。由于许多实际准备工作占用了很多时间，加之通过吉尔吉特政治办事处以及陆军上校马克弗森等友好官员的联络，与罗阇帕赫东·瓦利进行商谈，因此直到7月的最后一天，我才离开设在斯利那加的克什米尔营地。在此之前的一个星期，我以前旅行时的老搭档、印度测量局的副总管助理拉伊·巴哈杜尔·拉尔·辛格，以及二等调查员穆罕默德·亚库卜·汗也来到这里集合。印度总测量员陆军上校锡德尼·布拉德爵士慷慨地允许我在考察中任意安排他们地理学方面的工作，并支付了他们的旅行费用，提供了所有必要的调查仪器。

在斯利那加与我们会合的还有另外两个印度助手，尽管他们第一次到中亚旅行，但在他们各自的工作领域内都表现得非常出色。指挥精锐的乔治王第一坑道工兵部队的蒂尔登·帕特森陆军上校，为我挑选的陆军上校奈克·夏姆苏丁（以前曾是贾玛达尔），是一个最得力的"敏捷男子",可胜任所有必需的技术工作。另一个助手是阿弗拉兹·古尔,他是圣洁的卡卡海尔氏族的一名帕坦人,是开伯尔步枪部队的一名印度兵。他是我自己挑选的,我们后来的考察记录表明这一选择是多么的正确。他原先是白沙瓦边境上的一名校长,后在著名的边防部队服役期间,便一直以其良好的地貌感而引人注目。他出色地完成了鲁尔基的军事调查课程的学习后,经西北边省行政总长和荣誉陆军团上校乔治·鲁斯·克伯尔爵士的同意,参加了1912年春我主持的白沙瓦山谷斯里巴合劳尔遗址的发掘,他以临时画图和调查员的身份帮助工作。他在这次发掘和以后在《西域考古图记》的插图工作中,表现出他卓越而又全面的能力。另外我还注意到他在探险方面的爱好和能力,感到他特别适合当一名助理调查员。丰富的经验使他在考古工作中发挥了很大的作用,特别是在最难堪的情形下。

　　1913年7月31日,我们离开斯利那加,坐船顺流而下,赶往克什米尔的杰赫拉姆(疑为杰卢姆河——译者)或维亚特古道。次日到达本迪普尔小港,它位于沃卢尔湖上,在克什米尔梵文书中被称为摩哈帕德玛萨拉斯。我们的大多数辎重,在穆罕默德·亚库卜·汗和奈克·夏姆苏丁的照料下,由吉尔吉特运输局从此发往罕萨,然后在那里等待我们。我和拉尔·辛格、阿弗拉兹·古尔,只带所需的少量行李,于8月2日出发,取道连接克什米尔和下一个目标齐拉斯的捷径。我们向西北方向行进,穿过了克什米尔最迷人的森林密布的洛拉勃支谷,沿途景致非常诱人。然后掉头向北，进入了吉申甘加河的灌溉区。顺着深切的峡谷，我们下到了凯尔山谷。6点钟时我们穿过此谷，然后继续向西向印度河的分水岭巴拉伊山口（海拔14 250英尺）前进，抵达齐拉斯的边境。之后是两天艰难的跋涉，有一个向导领着我们翻越冰雪覆盖的法萨特山口（15 200英尺），向下穿过越来越贫瘠的溪谷，来到了紧靠印度河的要塞齐拉斯村。令人烦恼的是，从我们始入洛拉勃以上的山区，一直到印度河的分水岭，恶劣的天气就紧随着我们，道路更加难走，许多地方不得不进行整修，才能使驮载行李的牲畜通过。

自英国占领齐拉斯以来，全面的调查做过不少，有关道路和克什米尔地区地名的各种书籍、辞典中不乏有关它们的叙述，因此远至分水岭的道路状况无须在此进行细述。但是我千辛万苦获得的有关古迹的情况还是值得一说。我在《古代和田》中，已用较长的篇幅讨论了有关公元7世纪上半叶唐朝军队占领大勃律和小勃律，即现今吉尔吉特和亚辛的重要的汉文记载。我在书中讨论了公元749年吐火罗统治者给朝廷的请愿书中涉及的重要事实，即公元747年著名的高仙芝远征后，部署在勃律的唐朝驻军完全依靠从克什米尔运进的食物来维持。我曾经说过，吐火罗头领的信中提到的各种困难，就是近几年中（锡克和道格拉时代）克什米尔头领借以迫使英国当局在占领吉尔吉特时不得不满足他们要求的那些困难。

吐火罗王子请愿书的直接起因，是东南邻国竭帅国王被吐蕃煽动，企图切断勃律的唐朝驻军的克什米尔给养道。那时吐蕃正威胁着唐朝在西域的统治，而唐朝占领亚辛和吉尔吉特的目的也正是为了防止吐蕃与阿姆河的大食人联起手来。至于一些书所称的"竭师"或简称"劫"的"竭师"之名，我已在《古代和田》中认定为"奇特拉尔"，它可能由这个地区的老名称喀什卡尔衍变而来。

在同一书中，我强调了一个地理事实，即齐拉斯是个重要的地点。克什米尔至吉尔吉特和亚辛的交通线，只有在这个点上才有可能受到来自西面的奇特拉尔势力的干扰。这些山区的大量近代史证据表明，直到19世纪中叶，锡克人和道格拉人的吉尔吉特道仍受到齐拉斯人的掠夺性进攻。直到1851年，摩诃罗阇·古拉伯·辛格的军队成功地越过巴拉伊山口，入据齐拉斯并缩减了其首府的规模，这些攻击才停止。但齐拉斯人很快获得了独立，他们暴乱的性情，加上印度河下游另一些达尔德共和国的支持，遂又成了吉尔吉特道的威胁根源。1893年，经过激烈的战斗，英国军队占领齐拉斯，并在齐拉斯堡垒永久性地建立了营地，吉尔吉特道的威胁才终于被解除。

由于上述原因，我认为齐拉斯即是公元749年的汉文文献中提到的威胁点，我对齐拉斯的实地考察也完全证实了这一认识。我在《古代和田》中曾推测，从克什米尔到唐朝军队驻地的物资供应线，与穿过古莱兹、布尔济尔山口和阿斯托尔、因克什米尔和兴都库什山地的地图都表明，从克什米尔到本吉印度河的现代吉尔吉特道，比翻越巴拉伊山口到齐拉斯的路线要远得多。然而，按官方道路里程记录计算，从沃卢尔湖岸的本迪普尔至本吉或齐拉斯的距离都是158英里。而据我的测算，后一路程仅约116英里。如果旅行者沿北面巴拉伊山口的小溪直接到布纳尔的印度河，而不是穿过法萨特山口到齐拉斯要塞，那么路程还将会缩短一些。

应该指出的是，在下述道路改造之前，穿过巴拉伊山口的整条路线，尽管有些地段较为困难，但驮物的牲畜仍能通过，沿途还见有大量的牧草。而通过阿斯托尔的道路沿线都缺少牧草，因此不能在本迪普尔—布尔济尔—本吉的路上进行驮载交通。后来，英国人占领此地，运用现代工程技术开通了吉尔吉特道，并安排了沿路的供应，不能进行驮载交通的情形才告结束。通过巴拉伊山口的道路的另一个优越性是巴拉伊山口高达700多英尺，冰雪覆盖的时间比布尔济尔长得多，而旅行者仍能翻越过去。还有，以前必走的、克什米尔和吉申甘加山谷分水岭上的马锡尔谷上方的山口很容易翻越，比起吉尔吉特道上的特拉格巴尔山口来说，面临的风雪和雪崩的危险也小得多。

地貌学的各种事实证明，选用择尔吉特道迂回路线，如果不是唯一原因，应主要是1842年锡克人首次把他们的征服对象扩大到吉尔吉特时的政治和军事局势。很显然，锡克人推进时之所以选择此路，是因为阿斯托尔的达尔德王长期以来一直臣服于他们，并向他们纳贡，而齐拉斯部族和临近的印度河科希斯坦各山谷却独立性很强，是敌对势力，因此绕开他们是明智的选择。有关该地区早期的政治局势，我们缺乏直接的史料。但从我下面要讨论的有关达丽尔的各种线索和齐拉斯的传统来看，在前伊斯兰时期，印度河科希斯坦的所有欣卡力人或部分达尔德人只在一个罗阇（王）的统治之下，因此齐拉斯和以西的科希斯坦山谷组成的地区在某些时期内较易通过，交通是安全的（与近代不同）。我认为，上述结论是可靠的。

如果我们根据地图来决定南克什米尔、印度以及北面的兴都库什部分（汉文文献称为勃律）之间的交通路线，我们不能忽视这样一个重要的地理事实，即阿斯托尔和齐拉斯之间最高的南迦帕尔巴特峰，其海拔为 26 620 英尺，是印度河上方冰雪覆盖着的巨大山体，它把通过这个交叉地区的捷径分成了两个富有特征而又不同的组。其东面实际上仅有一条单独的交通线，现代的吉尔吉特道沿着它穿过 13 650 英尺的布尔济尔山口，在阿斯托尔主谷与卡姆里山口稍下的一条支路交会。再往东，来自吉申甘加、位处印度河谷更高处的几条路线，都通向巴尔蒂斯坦或斯卡杜。

在无法逾越的南迦帕尔巴特峰山岳的西面，环境则明显不同。从巴拉伊山口起，其边缘是常年积雪的南迦帕尔巴特峰的最西延伸，我们发现许多山口实际上都可以翻越，道路从相对有人居住的地方通向齐拉斯几条山谷的上部，并较容易地经小帕米尔式的平坦的槽形高地通向南面的分水岭。这些开阔的高山谷的最西端由卡甘河源头进行灌溉。在北面道路通向齐拉斯各山口的延续部，其中巴布萨尔山口（13 680 英尺）自 1893 年以来一直被使用着，是很好的骡子路。这条路通过较开阔的贡哈河或卡甘河的河谷把齐拉斯和英国人管辖的肥沃的赫扎拉区连接起来。甚至在齐拉斯被占领以后，还与吉尔吉特和更远的地方进行了大量的贸易和交通。

赫扎拉，即古代的乌拉萨，在有历史记录的前伊斯兰时期内臣属于克什米尔统治者，所以可以较肯定地说从此经过的道路，是连接齐拉斯和印度的最短捷和最易走的路线，唐朝军队在驻扎吉尔吉特和亚辛的时期内肯定也使用过它，以保证从克什米尔来的物资供应。这个推断已被上面引述过的吐火罗统治者的信中谈到的盐所证实。克什米尔不产盐，因此，正如现在吉尔吉特办事处的驻军通过最近的路线，也即从喀汗河源头到齐拉斯的路线，来获取盐岭的盐那样，吉尔吉特唐朝驻军所需的盐，也是从别处输入的。同样，赫扎拉的主要物产大米，也许是经此道而输入的，而不仅仅是从克什米尔山谷。

我已经提到这样的事实，即克什米尔山谷路线以及从吉申甘加通向齐拉斯的道路，在使用之前，为方便牲畜驮载交通，确实需要修整。但这并不影响早期此路的大量使用，因为这些道路上的自然障碍可以很容易用人挑肩扛代替牲畜驮载的补救措施来克服。这方面我们有大量的历史资料来证明这样的方法在古代克什米尔非常普遍，即使在现代，兴都库什分水岭一带的许多山区也还沿用此方法。

仍要指出的是，就像今日通过印度河谷往上到本吉，然后到吉尔吉特河的道路把货运抵吉尔吉特中心一样，那时从南面向齐拉斯运输物资并不十分困难，原因是此路全程穿越海拔3 600~4 400英尺的峡谷低地，可常年进行交通。但是为了避免在狭窄的山谷中承受盛夏酷暑，人们更愿意选用由凯纳伽赫山谷直通齐拉斯北的捷径，此道在翻过两个平缓的高山口后，即到了现代驻地以下几英里的吉尔吉特中心垦区。

第二节　齐拉斯及其历史

　　除了刚讨论的有关通过齐拉斯的道路的汉文记载，我还查阅了一条有关此地的早期参考资料。它是在阿尔比鲁尼的《印度志》一书中发现的，是十分重要的记述，其中对克什米尔的描述尤其重要，这一点我已在别处作了详细的解释。这位伟大的伊斯兰学者告诉我们，从巴拉穆拉山谷谷口可进入开阔的克什米尔山谷，"你离开突厥部落帕塔珐里雅占据的钵卢勒和夏米兰山区后，已跋涉了两天多，其王称帕塔沙，其城有吉尔吉特、阿斯维拉和希尔塔斯，其语言为突厥语。他们常入侵克什米尔，使克什米尔苦不堪言"。上述部落的三个主要地点，不能错认为现代的吉尔吉特、哈苏拉（阿斯托尔）和齐拉斯。我们也不必去追究阿尔比鲁尼为什么把这些部落称为突厥人，因为大量的证据表明，从古典时期起这个地区就由达尔德部落居住，因此他指的这些人就是达尔德人。

阿尔比鲁尼虽然未到过克什米尔以及更远的地区，但事实证明他对这些遥远山区的记述非常确切，人们不由得感到惊奇。我在别处曾经推测，阿尔比鲁尼在加兹尼和旁遮普长期居留期间（公元1017—1030年），为了从事印度学研究，可能曾雇用过克什米尔的博学家。

很显然，从克什米尔人那里得来的有关当地的知识是完全正确的，即对于从这个王国的东大门巴拉穆拉峡谷进入开阔的克什米尔山谷的旅行者来说，在他离开钵卢勒和夏米兰山区后，走两天即可到达首府。事实上，后一地名已不可能找到。但毫无疑问，阿尔比鲁尼所指的正是齐拉斯和可能是阿斯托尔以南的山区。在前一段话中，他说起古斯纳里河和迈赫维河源自夏米兰山区，我也已说明这两条河即是贡哈河和吉申甘加河。至于讨论较多的名称"钵卢勒"，可以肯定它主要是指靠吉尔吉特河灌溉的整个山区。在实际应用中，此名称比较含糊，应用范围可能还包括以东的斯卡杜或巴尔蒂斯坦。但从景观来说，阿尔比鲁尼的描写完全真实，因为当旅行者走上通向斯利那加的克什米尔山谷时，吸引他目光的肯定是左边的山脉。如同现在，在阿尔比鲁尼的时代，其首府地区主要包括冰雪覆盖的哈拉穆克山和其他一些高高的雪峰，精确地说，可确定在斯卡杜，而不是吉尔吉特南面的地方。

然后，下一个问题又提出来了，就是阿尔比鲁尼的记载中分别提到钵卢勒和夏米兰山区的部落名称"帕塔珐里雅"及其首领的名字"帕塔沙"。在前面讨论这些名称时，我曾建议阿尔比鲁尼所说的帕塔可能即布塔或博塔，在梵文《罗阇塔兰吉尼克什米尔诸王编年史》中，从拉达克到巴尔蒂斯坦，普遍用这些名称来称呼吐蕃血统的人。这一观点可由这一事实来证明，即从血统和语言来看，现名巴尔蒂斯坦或斯卡杜的巴尔蒂居民是吐蕃人。阿尔比鲁尼的消息提供者用布塔或博塔来称呼他们是完全属实的。但应当指出的是，齐拉斯人口的重要部分应是希纳原来的一支，即纯达尔德人移民，人称 Bots。德鲁认为，齐拉斯人被其他达尔德人称为布特。在达丽尔和丹吉尔，我发现人们普遍用 But.a 这一名称来称呼所有的齐拉斯人。那么，阿尔比鲁尼所说的帕塔珐里雅和他们的统治者帕塔沙，与齐拉斯旧的种族名称是否有着一定的联系？现有材料还无法使我们肯定地回答这个问题。

虽然刚才分析的齐拉斯的参考资料还远不足以勾画出该地区的早期历史，但上述的向外侵略行为表明，该地区的人们直到近代还在寻求临近的居住地。他们生性勇敢，普遍受到尊敬，尽管他们拥有的土地面积和自然资源有限，但在达尔德人中拥有十分重要的地位。我深感遗憾的是，考虑到前往塔克拉玛干和罗布沙漠冬季考察地点的道路漫长而艰难，尽管当地又为我做了种种安排，但我在齐拉斯考察的时间最多只有三天。我只能在快速行进的同时，进行大量的咨询性谈话，以致未能对周围环境进行细致的观察。在上述情形下，我无力去填补齐拉斯研究方面的空白。值得感谢的是，德鲁先生和陆军上校比达尔夫为吉尔吉特做了大量先驱性的工作并出版了有关材料。不管怎样，我在下行到尼亚特和塔克的山谷的路上，还是凭印象对从南边注入印度河、自然地貌大致一样、组成齐拉斯的四五条主要山谷做了粗略的记录，并在靠印度河的齐拉斯的旧居地做了一定的观察。

组成齐拉斯的山谷狭窄而峻峭，因此山坡经常发生滑坡现象。这些山谷的直线长度，通常不超过25英里，高差变化很大，高处在海拔14 000英尺的一条分水岭上。低处降至海拔3 500~3 300英尺的印度河床。往东是冰雪覆盖的巨大山脉，主峰为接近印度河深切峡谷的南迦帕尔巴特峰，从其北坡下降的山谷较为陡峭，难以接近，更不能居住。这种构造的结果往往是山谷的上部虽可居住，但地方非常狭窄，夏季放牧的范围很有限。因此，齐拉斯人的牧群很小，像南方山谷中从事牧业的古杰尔人居住地那里常见的大量房屋，在这些山谷中几乎看不到。

翻过巴拉伊山口后，我们在布纳尔（下通印度河岸）最东边的主谷山梁上，度过了难挨的雨雪之夜。然后，我们在8月9日早上，沿大部分是页岩和雪地的危险的小道，由西北方向攀上了近15 000英尺的法萨特山口。山口后面的法萨特河谷上部覆盖着大片常年不化的冰雪，有些可从延伸的石堆和小湖的冰围地看出是前冰川的残余。从此山口下走约3英里，我们即来到了第一块野草稀疏的草地。然后我们又继续走，在由支流浇灌并被石脊分开的有草的小高原上，路过了几所名叫法萨特的牧羊人住的茅舍，此处海拔约11 000英尺。再往下不远，我们遇到了第一片枞树林和针叶林。它们正以持续增长的势头覆盖着现在很窄的山谷斜坡。

在法萨特和比亚赫两小河交汇处下2英里的地方，我们进入了以前未曾听说过的茂密林区。往下不远，有个名叫德冯的地方，无疑是新开垦的一块土地。两边陡峭的山谷岩坡上，覆盖着雪松等高大的树木，连绵不断，往下直到尼亚特小村。该村海拔7 000英尺，土地耕种良好，种植着小麦、燕麦和玉米。据当地头人所说以及我们目睹的大量果树来看，该地的开垦显然并非近来之事，但这个村庄和下面的几个村庄是在得到英国式安全保障后才开始出现的。毫无疑问，由于可以躲避印度河谷骇人的盛夏酷暑，因此村民们对新环境感到心满意足，由此我认识到，这是出现新耕地的一个很好的原因。

次日早晨，我们出发前往尼亚特谷地。我们沿着其下面一条长约1.5英里的小路，穿过了延伸的田地和古歇尔小村。这个村庄据说有100户人家，也许是齐拉斯以上最大的独立居住地。其之所以存在，是因为谷底土地开阔，而且从面向布纳尔的山口上流下来的尼亚特和沙托奇河两条小河能提供充足的灌溉水源。而在两条小河的交汇处下方，山谷又一次收缩，在陡峭的松树山坡下只有小块的空间可供耕种。从交汇点可看到如画的名叫"泰"的小村庄，以及从巴布萨尔山口和喀汗分水岭下降下来的、两边被树林等覆盖的塔克主谷。在前往河流交叉点的路上，我注意到北面的达洛因，在深切的尼亚特河谷的上方有一个废弃多年的叠层式的旧梯田，已变成一座名叫纳库伊的多石的圆形剧场。该梯田废弃的原因除了用以灌溉的泉水已枯竭的含糊解释，还没有其他的说法。不管怎样，根据它的位置判断，以前很可能有一条沿着尼亚特河左岸高处或穿过悬崖通过来的灌溉渠道。但是遗憾的是，现在齐拉斯被纠纷所累，以致很长时间没有开凿这样一个库勒[1]，甚至其技术也已经失传了。

从海拔5 500英尺的合流点附近的巴沙村开始，景致完全不同。沿着筑得很好的卡甘骡路下行，我们在那里所看到的只有被干涸险峻的冲沟所分开的裸露岩坡，它们的奇特使我回想起我在和田南面昆仑山脉或者乌什以南外围的天山山脉中所看到的严重侵蚀的山区峡谷。此景象的唯一例外是辛格尔小绿洲，河两岸种植着果树和葡萄树，掩蔽着窄长条的富裕村庄。但为了躲避山谷的炎热、成群的苍蝇和蚊子以及整个下齐拉斯大多数季节里都有的一种可怕的瘟疫，我希望在别处另找一处舒适的庇护之所。距尼亚赫与塔格两河交汇处约7英里，我们看到了印度河深切的河道，对它的荒芜感触尤为深刻。这里有一条陡峭的曲折小径，向上通往印度河上方1 000多英尺的奇特的准平原（它把塔克谷和布托伽赫谷分隔开来）。该平原由一个平缓的沙砾冰川组成，就像和田昆仑山北麓典型的萨依（即砾石戈壁——译者）那样完全裸露着，风沙的侵蚀作用特别明显。穿过这一小块平原，展现在我面前的是

---

1 在吉尔吉特上方的卡尔伽赫峡谷口有一处古代灌溉工程的遗存，可说明长期失传于达尔德人的古代石工技术。库勒（KUI）与梵文库勒亚（Kulyā）有关，用于称呼与克什米尔地区灌溉渠道相似的水利工程设施。

深陷的布托伽赫谷口，西侧有一个类似的、面积似乎更大的准平原。当布托伽赫河从狭窄的峡谷流入一条三角形、宽边面向印度河的沟槽时，出现了一片葱绿悦人的小绿洲，助理政务代理的别墅就坐落于一处有树荫掩映的大院之中。

其时主政齐拉斯的印度陆军少校杜克给予我最热情的欢迎。正是通过他的热心关照，所有和罗阇帕赫东·瓦利有关的事务均已安排妥当，其中包括第二天我前往达丽尔事项在内。我在齐拉斯停留的时间，仅够办理前10天艰苦旅行之后及前往未被探察的地方之前必须料理的事情，所以不可能有闲暇时间来进行人种学及类似的实地考察。像其他观察者一样，我根据齐拉斯人的外表，总的认为他们在体格上比吉尔吉特、阿斯托尔和古莱兹的达尔德人要差，但他们的言谈举止却表现出独立的精神和暴烈的脾气。齐拉斯人自古就有掠夺的习性，在以前外人很难进入他们的领地。

杜克上尉陪我参观了坐落于高原的边缘的齐拉斯城堡，在上面可俯视西面1英里的通入印度河的布托伽赫峡谷谷口。那里现有两个连的军队驻扎着，附近有1851年克什米尔征战时被破坏的直至最近还是齐拉斯主村的齐拉斯博特城堡。这次参观使我获得了解除困惑的一些线索。那天一早，当我首次走近齐拉斯时，我即注意到高原边缘和布托伽赫河上方的一条大沟渠，渠两边有成列的树木。此渠直下谷底，长达1英里。在其西边出口处，我即被占据着渠道下方整个斜坡的广阔的废耕地所吸引。我在城堡上向下眺望高原边缘下至印度河的宽缓的斜坡时，面前又出现了同样引人注目的景观。宽阔平整的地面上，除了小块被粗耕的土地，均完全荒芜着，任由灌木和芦苇生长。这片被废弃的几百英亩的肥沃土地，与紧下方堡垒遗址果园里的景色（茂盛的悬铃木和果树林）形成强烈的反差，给人以深刻的印象。

幸运的是，我可以向杜克上尉请教一些有关当地的问题，他的回答和解释非常简单，但具结论性。1893年，经过前面提到的激烈战斗（指英国军队攻占齐拉斯——译者）之后，齐拉斯领地被置于大不列颠式和平的保护之下。在此以前，为保证内部安全和防止外部攻击，实际上所有齐拉斯人的永久性家园都聚集于中心村庄之内或附近，所以只要条件允许，能灌溉的土地上都进行了大规模的耕种。但自从英国占领此地以来，散落在外的小村庄的安全有了保障，因此越来越多的齐拉斯人被吸引到更高的边谷去生活，而在以前，那里的耕种一直是断断续续，或完全被忽视。齐拉斯人生活于裸露的高山山麓和狭窄的印度河谷内，每年的大部分时间都要忍受酷热和周期性的蚊虫、瘟疫的折磨，因此永久地离开旧地，迁移到适合耕种的高山山谷，是完全可以理解的。

尽管移民们仍保留着齐拉斯城堡周围的土地的所有权，但他们不需要、也不再进行耕种。甚至于1912年，在助理政务代理的指导下，土地重新分配，每个农户都分得一小块便于耕种的土地后，也仅有小块土地的耕种被恢复起来，且完全由贫穷的佃户所承担。我参观时，该村的人口不多。这种情况也与布托伽赫河中引来的灌溉水量远不足以供应有关。但如果渠壁结实，能防渗漏，就完全可以扩大耕地面积，因为我亲眼看到渠床中大量的水被白白地漏掉，更何况这里有大量的土地可供开垦。城堡下方以废弃梯田为主的地区的西边，还伸展着一块宽阔的冰川准平原，古代曾被耕种过。它东西长近3英里，只要利用布托伽赫河的灌溉之水，无须动用机械力量，就能使耕种恢复起来。

我想详细地记录下上述这些事实是有用的，因为它们有助于弄清历史时期与中亚自然环境有关的突出的干旱问题。我们假定，以后的一千年中，由于气候或其他变化，布托伽赫河和另一些齐拉斯的河流从高山接受到的水量大幅度下降。而将来对兴都库什地区进行地理调查的调查员，很自然会把齐拉斯大片废弃的梯田（假定由于某种原因，它们从未再被利用，但其遗迹仍保留着），作为特定历史时期内发生干旱的证据，然后他会着手寻找这一时期的年代证据。假定他能找到下限至公元12世纪后半叶的钱币，他自然就会把这个大遗址的废弃原因直接归结为干旱，并会把钱币作为干旱时期的年代证据。然而，这一结论明显是错误的。正如我们所看到的现代的情况那样，这些梯田的废弃，与气候改变完全无关，而是大不列颠式和平扩展的结果，为人的因素所致。也许，公元3 000年时的地理调查员用各种考古证据着力证明的干旱，仅是今后500年发生的事。

第三节 前往达丽尔

在齐拉斯，四个罗阁帕赫东·瓦利的人已经在等候我们，他们给予我们以热烈的欢迎，并已为保证我们安全通过他们领地做了所有的安排，而此前这个地区还从没有欧洲人来过。罗阁（王）这边一直有个条件，即从吉尔吉特政治办事处控制地来陪我的人一个也不能进入他的领地。他派遣这些亲信来，也许意味着这种条件是不能通融的。很显然，这个统治者和新归顺的臣民的关系紧张，所以不得不防止有人搞阴谋，防止有人跟踪。而我感到轻松和高兴的是，我在克什米尔出发前一段时间所提出的请求已被该首领所接受。我们从考察工作角度出发，为避过印度河谷夏季酷热，希望从汗巴里山谷和杜迪沙勒山谷的上部山区前往达丽尔，这一要求也被满足了。

这条路线多少有点迂回。8月11日的早晨，我们首先出发前往印度河北面的胡达尔山谷。齐拉斯以下的河岸可怕地裸露着，走在岩石隘路上感觉很热。因此我们决定从一条现在仍使用着的小路，把行李运往下游10多英里、面对胡达尔谷谷口的一个地点，而我则乘坐皮筏子顺流而下。随着河水的波动，筏子上下颠簸，以每小时14英里的速度向下漂流，真是又刺激又浪漫轻松。沿岸或是裸露的黑石，或为散布着巨砾的缓坡，巨量的冰川融水被挤流于仅200~300码宽的河床内。皮筏由6张小公羊皮拼合而成，四名索尼瓦尔船员用几代祖传的技艺控制着筏子的行动，以防卷入凶险的漩涡之中。北面和东面的冰雪天气，使河水水位下落了24英尺，但水量之大仍足以保证我们安全下滑。而在别的季节里，河床上净是连绵的无法通过的暗礁和湍急的水流。据说在萨津以下的印度河上，不可能进行这种快速的行进。

在胡达尔谷出口的对面，河床加宽，有皮筏子可以摆渡，在此我们的行李被运到了对岸。尽管行李数量不多，但也折腾了近4个小时。胡达尔山谷现有80多户人家，形成了一个独立的小社会，但自从齐拉斯建立了一个军营以后，这里也受到了英国人的影响。在山谷的每一个出口，我都发现了各个历史时期内所发生的变化的证据。胡达尔小河流经萨利的几块沙地，注入印度河，其入流处以东1英里处，有一条高约300英尺的孤山梁。看到上面有墙壁遗迹，我爬上了它的顶部，发现它整个是个废弃的居住遗址，虽然简陋，但规模较大，石垒也较整齐。该遗址外有残墙包裹，东南到西北长约160码，对角约有100码。东面和南面未找到围墙，也不需要任何保护措施，因为那里的岩壁非常陡峭。此遗址名叫基诺库特，意即黑堡。堡中出土了大量的陶片和其他遗物，表明其使用时间较长，但废弃时间仍不明。房屋建筑得较粗糙，但很坚固。

在陡峭的南坡道上，我注意到一块大砾石上浅刻着古代印度的圣人脚印，这在佛教盛行地区是常见的现象。它们是两对圣人脚印，其年代当在前伊斯兰时期，这可以由类似的佛教法轮的石刻作证。在齐拉斯和胡达尔之间的印度河岸上方的高处，石头上刻着女人形象，是否也是佛教石刻，我没能弄确切，原因是我听说此事的时候正在快速顺流而下，不可能登岸详察。

在基诺库特的高度上，我可以看到达莫达斯低沙高原的全景，它延伸到胡达尔谷口西边。人们知道该地曾有房屋居所和大胡达尔村落的耕地，但在1841年，印度河的洪水冲垮了这里所有的梯田和房屋，仅在宽广的地方上留下碎砖和粗沙。

我们在巴罗古歇村停留了一个晚上。该村海拔约3 630英尺，在果树的掩映之下，感觉非常凉快。次日早晨，我们从小道攀上两边都是光裸岩石的窄谷，驮行李的牲畜无法通行，人们只得充当挑夫，直到抵达亚辛为止。当然，所有行军都得步行。距巴罗古歇1英里远的达尔村的上方，我们在一块难于通过的突出岩石上发现有类似基诺库特的村庄遗存，但规模较小。值得注意的是，和附近现代房居不同的是，其墙壁较为厚重，垒筑得非常仔细。距达尔村约3英里，正如拉尔·辛格所做的详细调查表明的那样，在穿越印度河的地方有一块狭窄的耕地，向上延伸至山谷。但是再往上，除了哈玛车寨一地有繁盛的果树林，景色悦目，不是裸露的蜿蜒谷底，就是被废弃的耕地。

有人认为此地自废弃以后，灌溉用水肯定会大大减少，这样的结论很难说不对。因为当我们离开海拔约6 000英尺的主谷后约

12英里，爬上西北方向的巴戈拉谷时，发现巴戈拉谷的河床内，除了有的地方有泉水冒出，谷内已完全干枯。明显加剧的干枯环境，本身就说明干旱现象已出现于海拔7 200英尺的巴戈拉小村。据说，现在耕地的灌溉水源已不再充足，以致到不了下面的梯田里。此外，为了能使灌溉水到达现在的耕地，还得经常筑坝拦水以形成一个小水库。这个最近发生的干旱例子似乎值得特别注意，因为它与西面不远处的达丽尔和丹吉尔山谷（那里有着充足的水量）形成明显的对比。我要补充的是，这里所说的干旱，不能归因于森林的采伐，因为我发现巴戈拉上下的山坡上覆盖很好的常绿树林，其中包括许多冬青属大植物，即使冬季也可放牧山羊，所以树林似乎与这条山谷的宗教化保护有关。

那天我们宿营于巴戈拉村上方的一块开阔的草地，海拔约7 600英尺。在那里，我们首次受到蚊子的叮咬，使我们在参观达丽尔和丹吉尔的过程中颇感苦恼。次日早晨，我们继续攀登宽阔的山谷，经过了吉力达尔，那里有肥沃的玉米地，并散落有几处房屋（图1）。在其上下方，我看到有旧的梯田，据说那里的灌溉用水已不再充足。很显然，这些梯田已被废弃了很长时间，因为吉力达尔繁茂的枞树和松树林已完全覆盖了它们。我们继续沿小道向上，穿过一片重要的喜马拉雅雪杉、雪松和枞树林，前往汗巴里山谷（10 510英尺）的分水岭上的尤努太伽柳山口，沿途我们没见到地面水。在此所看到的东南和西北的远景，及以前在齐拉斯、吉尔吉特印度河分水岭各山峰做的三角测量，使我们准确地

图1 尤努太伽柳山口下的古力杜尔田地

在平板仪上确定了我们的所在位置。

在尤努太山口，我们抵达了达丽尔的西界，于是汗巴里山谷的景色立即呈现在我们的面前，显示出该地区两个特征性的面貌。针叶树林覆盖了汗巴里河上面的陡峭斜坡，它比从吉申甘加过来所见到的任何树林都更加茂密。同时，在山谷的顶部可看到开阔的高地，向上延伸到面向吉尔吉特河的分水岭。海拔7 000~11 000英尺的山谷中有着大片的树林以及充足的夏季牧草，这是达丽尔的主要财源。再往下，降至汗巴里河的达特束伊谷，其坡度极为陡峭，其下落的巨石填满了下面的峡谷。再下面是难以通行的狭窄峡谷，上面的小道对负荷的人来说最为难走。

幸运的是，这时上来的达丽尔人的分遣队减轻了队员们的负担。距峡谷与汗巴里主谷相交之处约0.5英里，有个名叫多莫特的地方，在那里我遇上了被派来迎接和陪伴我们的罗阇帕赫东·瓦利的侄子莫亨塔乔·沙·阿拉姆和瓦齐尔（即大臣——译者）。他们带着一队从王家卫队中挑选出来的、装备精良而且可靠的士兵（图2）。这队士兵在开始护卫我们时，显得小心谨慎，特别是我身旁总有两个以上的警卫随同，简直无法私自活动或休息。这似乎为了防范罗阇难以控制的臣民及从印度河、科希斯坦和斯瓦特地区来的狂热分子的任何企图，那些人也许用攻击我们的办法来使罗阇难堪。

这种严密的保护，使我感到很不自在，因为对于我开展地貌考察工作来说，自由是至关重要的。我提出从山区而不是沿印度河谷道路进入达丽尔的要求，为的就是要进行地貌考察。山区的道路特别难走，但对调查活动很有好处。幸运的是，我不久就发现我们可以完全自由地去做考察活动。我们在艰苦的攀登以后，建立了一系列的平板仪观测点，其中最好的点设在印度河—吉尔吉特河的分水岭上及把达丽尔和丹吉尔几条山谷分开的大山梁上。

图2 由罗阇帕赫东·瓦利派来的护卫队员

在我们涉足此地区的一段时间内，天气非常晴朗，使我们可以看到印度河的大拐弯和斯瓦特河上游的雪山山脉，所以我们用以前印度测量局曾经测量过的山峰的交叉点就能准确地确定我们的位置。拉尔·辛格表现非常突出，尽管条件艰苦，行程持续紧张，但他仍一如既往地发挥着他原有的热情和精力。他已经年过半百，对于印度人来说此年龄已经偏大，但这丝毫没有减弱他的热情和身体适应能力。正是他的艰苦努力，使我能在11天内抽出空来，按2英里：1英寸的比例来绘制欧洲人从未涉足过的近1 200平方公里的地区的地图，它们完全可以被印度测量局使用。

我认为有义务也乐于记录下一直给予我们保护的莫亨塔乔·沙·阿拉姆和帕赫东·瓦利的可信的士兵们，他们与我们建立了良好的关系。由于时间短暂，许多工作不得不压缩，这使他们的任务完成起来较为容易一些。根据罗阇的良好意愿及对我完全非政治性考察的明智的信任，他们给予了积极的配合和帮助。他的年轻的侄子沙·阿拉姆，脑子机灵，有着山里人特有的敏捷，不愧是胡希瓦克特族的子孙。尽管有着互相残杀的传统，但山区首领的（胡希瓦克特）族人凭着无道德原则的阴谋和暴力，靠着贵族品质，使散居在吉尔吉特河和奇特拉尔河的人民一直归附于他们，这种局面已维持了若干个世纪。我想我从礼节、积极性和柔韧性几方面就可认出莫亨塔乔·沙·阿拉姆的族人。他们的品质和勇气，使沙·阿拉姆的伯父帕赫东·瓦利，在种族和语言上确立了对习惯于长期无政府状态的诸个不同部落的统治。

单凭沙·阿拉姆身上体现出来的鲜明的、纯种的伽尔察赫人或阿尔卑斯人种的特点，就足以与其他混杂的随从者相区别开来（图2）。虽然种族不同，但他们却相处甚洽。这些警惕性很高的随从们都是来自附近吉尔吉特办事处、马斯图吉、奇特拉尔或印度河和斯瓦特河上游的罪犯和凶手。他们是在不同时候加盟到帕赫东·瓦利的政治冒险中去的。他们的指挥官是名叫受难者的萨希德（图3），结实，金发，其模样与这帮快活的恶棍大不一样，属于丹吉尔的帕巴特族。他从一开始就归顺帕赫东·瓦利，在形形色色的阴谋及暴力行动中，一直忠心耿耿。而在这些纷争中，他的富有能力的头领（帕赫东·瓦利），几年前还是来自丹吉尔的依靠施舍的难民，逐步成了骚乱的山谷的主人。

凭着帕赫东·瓦利的统治地位，他可以把丹吉尔的好木材出

图3　在达丽尔的杜多古堡，吉亚拉特上的木雕（在拱廊里站着的是来自帕派特的萨希德）

卖给白沙瓦地区来的卡卡海尔商人，从而获得丰厚的年收入。这些财富使他得以维持小规模的、为钱而工作的武装力量，这支武装在1909年时帮助他把统治范围扩大到达丽尔和萨津的部落自治区。正是凭着这些雇佣兵，他建立并形成了自己的新王国。长期以来，我对兴都库什各山谷和更南的山区地带的历史较为熟悉，但我更有兴趣的是，从那些建立这个最新的兴都库什"国家"的人那里，获取"国家"建立过程中的第一手资料。

我也要感谢敏捷机智的沙·阿拉姆和他的随从们，他们聪明、忠实并极为熟悉这块土地和人民。还有，他们富有特点的警卫工作，使他们在心理上与当地利益保持一定的距离，因此我可以以不同的话题与他们交谈。我要补充说明的是，我们从帕赫东·瓦利的侍从们那里发现一个值得注意的事实，即帕什图语在印度兴都库什得到了稳定的发展，所以与操希纳语的达丽尔相比，我们在此获得信息要更为容易些。

帕赫东·瓦利的领地海拔5 500英尺，我们首次扎营于汗巴里河左岸，此地有一条从西北方向上通水源的边谷，入口处名叫多莫特，其交汇处上方有一座简陋的桥，我们从桥上过汗巴里河的时候，发现这里的水量可能比齐拉斯的任何一条河流都要大。正如我们所调查的那样，此河源自吉尔吉特—印度河的分水岭，其落差差不多有14 500英尺。除多莫特谷外，我们未去汗巴里主谷。尽管后来我们从更高地区的调查及收集到的信息中得知，沿汗巴里河和在更上面的支谷，有大量开阔的土地可以耕种，而且灌溉水源非常丰富。但与这些良好条件相对比的是，真正利用的土地非常有限。据我的观察和询问，主要原因是人口稀少。事实上，达丽尔人在被帕赫东·瓦利征服前，仅使用汗巴里河水养育的开阔牧场就已经自足。只有在更和平的环境来到后，才开始慢慢地出现从南面和西面迁来古杰尔人移民。

这里应简明地说明一下，我们在8月14日前往多莫特谷的路上所看到的主要事实，这对我们的观察带来额外的好处。距谷口约1英里，小道穿过肥沃的土地，从悬崖处可向北俯看到一处村堡遗址。再往上，尽管谷底仍宽约3英里，但那里伸展着一大片废弃的梯田，这些梯田靠着灌溉渠道一边，现在正草木茂盛。它们显然已被废弃了很多年。前几年，有些小而零散的田地被恢复耕种，种上了小麦和玉米。在一处名叫高贝彻沙的山嘴脚下，山谷分岔。当小道上到海拔约7 000英尺的支脉时，看到的净是茂盛的喜马拉雅雪杉。

尽管谷底越来越陡峭、狭窄，但到处都有小心支撑着梯田的道道埂墙。从地面所长的1英尺树围的大树来看，耕种活动无疑已经停止了许多个世纪。茂密的树林覆盖了峡谷的两边，而且从高山脊上眺望到的远景也表明，另外的一些边谷中也是如此。从刚提到的陡脊，我们沿着西北方向的达尔津谷的顶部边缘而进，道路几乎水平状地延伸，经过一片美丽的树林。那里树木繁茂，遍布高山野花，使我不由得回想起熟悉的克什米尔"玛尔格斯"。那天晚上，我们扎营于一片伸展的山间草地，其边缘被枞树和松树所围，海拔近10 900英尺。其东边和东南方的视野开阔，我们不仅可以建立齐拉斯上面的高三角测量点，而且可看到朝霞初升时被冰雪覆盖着的美丽至极的南迦帕尔巴特峰。这是一幅无比壮丽的景色，使我忘却了进印度河时的所有艰难的旅行以及一直跟随着我们的蚊虫的折磨。

　　我在达尔津营地发现的植物，与我夏季期间在莫亨德玛尔格非常熟悉的植物完全相同，这一事实给我提供了一个十分重要的地理学结论。因为不久我在达丽尔和丹吉尔所见到的情况充分证明了这一事实，而且那以后我没有任何机会来收集更多确切的材料，因此可以在此简单地说明一下。我在谈及多莫特谷时已经说过，汗巴里山谷及其支谷广阔耕地的废弃，不能归因于灌溉用水缺乏，即气候的日益干燥或干旱。从汗巴里到丹吉尔，在海拔7 000英尺和11 000英尺之间的高度，到处可见茂密的森林，这清楚地说明，这些山谷所享受的降雨和降雪条件，与印度河更高处或大印度河湾和兴都库什山脉之间的别的地方完全不同。

　　上述的后几个地区特别荒芜，与达丽尔和丹吉尔的山谷上部的茂密树林形成明显的对比。这种反差，犹如旅行者从拉达克、巴尔蒂斯坦或吉尔吉特的荒秃多石的山谷，一下子进入克什米尔的森林那样显著。达丽尔和丹吉尔主要的自然方面（指茂密的树林——译者），常使我想起克什米尔的高山和支谷地区。我虽缺乏自然地理学方面的专业知识，但我认为印度河以远的这些山谷，在植被和气候条件方面与克什米尔地区同样海拔高度的地方十分相似。

我特别倾向于把达丽尔和丹吉尔受到的大量潮湿水汽（无论是以冬季大雪还是从我无法断言的夏季降雨的方式），与南面印度河谷的特殊结构和邻近高山山脉的山岳形态学相联系起来。因为达丽尔和丹吉尔山谷恰好位于印度河所在的山区之内，它们从丹吉尔河口以下的印度河的大拐弯处，向北和南伸展到尤苏夫扎伊和阿吐克平原，从而使西北边疆的冬雨和季风雨得以进入。再往北和东，潮湿云团被介于其间的绵延不绝的群山所阻断。我们知道，也许是相似的原因，在斯瓦特河源头高处的山谷里，由北向南，都无一例外地生长着茂密的树木，而位于西北和北面高山山脉以远的奇特拉尔和马斯图吉，尽管距离不远，但如同印度河以远的山谷那样，几乎没有树木生长。

8月15日，我们越过高地，正式进入达丽尔，此天的行程漫长而艰苦，但对调查来说，非常有利。首先，攀登上一处陡峭的面向锯齿形的多石岭脊，遍布着巨砾的沟壑，其情景使人不由得回想起多罗米特。沿沟缘到东北，我们走了约3英里，爬上了一处狭窄的海拔12 500英尺的山脊。此处可俯瞰达尔津和伊梯峡谷，一览从吉尔吉特—汗巴里分水岭到炫目的南迦帕尔巴特峰的整个地区的全景，可看到雪峰线一直向印度河—科希斯坦方向延续。尽管巨大的冰雪覆盖的山脉远在60多英里以外，但在耀眼的晴朗天气里，它似乎近在咫尺。

接着，又向上攀登了2英里，通过巨大的碎石床和一条前冰川上部的冰原，进入了名叫福诺福诺（Phūno-Phūno）的关口，用气压计观测，这里的海拔13 650英尺。我们发现，面向库兰谷而不是面向达丽尔的分水岭地区，由一条水量很大的河流灌溉。该河流在并入汗巴里河后不远，与印度河合流。库兰谷顶呈锯齿状，其自然面貌与汗巴里主谷非常相似。沿着上述山脊行走不到1英里，我们便来到了海拔高14 000英尺多、通向达丽尔河源头的伊什考巴尔山谷。

在奇亚加尔山口，可获得吉尔吉特河—印度河分水岭的宽广视景，清楚地看到达丽尔牧人在南坡上的连绵牧场。从碎岩坡上下山非常容易，我们很快就来到了一块宽阔平坦的盆地。从迹象来看，这里曾被一条大冰川占据过。然后我们来到了一块开阔多草的高地上的略倾斜的圆形凹地。从这个帕米尔式的地带下来后，我们到达了在乔乔劳杜丰美草地上的第一片枞树林，这里距山口有4英里，各处山坡覆盖着桦树，就像克什米尔海拔11 000~12 000英尺高度上的景色一样。进入树林后，小道沿着鹅卵石填充的河床和几处被山崩磨得发亮的岩坡，变得非常陡峭，这使得我们根本无暇来欣赏山坡上茂盛的植被。我们在树林中走了约4英里，枞树林便让位于雄伟的喜马拉雅雪松林，直至达丽尔主谷为止。我观察到，伊什考巴尔峡谷较为宽阔，过去的旧梯田已被蔓延的树林所覆盖。在基奈卡莱上方距乔乔劳杜约7英里处，首先看到的是一座古丘萨（意为哨所、堡垒——译者）的残墙，在树林中半隐半露，并越过山谷，向上延伸到了陡峭的侧翼山梁。

再往下行，谷口向外扩展，变成各支流冲积而成的平坦的三角洲，上面依然长着树木，巨大的雪松高达100英尺。那里土地肥沃，并曾经开垦过，但现在除了有几处畜牧者的木屋，完全被废弃了。当我们下到尼雅楚特主谷时，眼前出现了赏心悦目的绿地和西面巍峨的山脉，山脉面向主谷的这一面山坡非常陡峭。当到达海拔11 000英尺高度时，树林非常茂密、美观，可与伊什考巴尔之树林相媲美。根据我在克什米尔曾有过的深刻体验，我认为这片肥沃的高山地区的景观，是达丽尔潜在资源的最好体现。

这些今人熟视无睹的资源，已给该山谷的现代生活环境留下了深刻的烙印。那天黄昏，我在主河的左岸，即达丽尔人每年夏天都要来此放牧或耕种的地方，看到了他们的一处小型公共墓地。墓地有树木围绕，上有精美的雕刻，其装饰主题源自希腊化的佛教艺术，并与遥远的尼雅遗址和其他遗址上所看到的艺术图案有相似之处。我从克什米尔来的旅途上，在墓地和民居上从未看到过这些装饰图案。那晚我们在伽巴尔小村扎营，这里海拔7 300英尺，是达丽尔人最高的夏季居地。我有个特别的感觉，似乎我们已经到达了我们正在寻找的年代更早的曾辉煌过的遗址。

第四节　达丽尔之今昔

在记录下我在达丽尔主谷沿途所做的观察前，有必要回顾一下该地区早期的记载，这要完全归功于两位著名的中国僧人法显和玄奘的旅行记录。我在讨论关于古代乌仗那（一作乌迪亚那，法显《佛国记》作乌苌；玄奘《大唐西域记》作乌仗那——译者）或斯瓦特的材料时，要说明的是我已实地核对过他们在地貌方面的记述。下面我简单地叙述一下。

法显在描写公元403年从竭叉或喀什噶尔到乌苌或斯瓦特的旅程时，告诉我们，"从此西行向北天竺，在道一月，得度葱岭。葱岭冬夏有雪"。他还提到了旅行者为毒龙所困苦的种种危险，这在其他有关葱岭或帕米尔的汉文记载中是屡见不鲜的。法显继续写道：当地人称此为雪山。当旅行者翻过此山脉后，便到了北印度的边界，到了一个名叫陀历的小王国，那里有许多和尚，都是小乘教徒。

其国昔有罗汉，以神足力将一巧匠上兜率天，观弥勒菩萨长短、色貌，还下刻木作像，前后三上观，然后乃成。像长八丈，足蚨八尺，斋日常有光明，诸国王竞兴供养，今故现在于此。

法显的记述告诉我们，"顺岭西南行十五日"，穿过了印度河峡谷，到达了乌苌国或斯瓦特。生动的描写说明这是一条令人困苦的道路，危险的"凿石通路"，要爬行陡峭的梯子，它的"悬絙"与我们所有的下通深隘路的困难小道的现代记载相近，以前从未有过任何欧洲人参观并通过它们。在丹吉尔，印度河道下切较深。法显的记载提到了通过斯瓦特中部及其首都的以连接达丽尔的这些最直接的道路，无疑和玄奘所说的他从斯瓦特上溯印度河到达丽罗谷和弥勒寺的逆向旅程的记载相符，这些我们将在以后再叙。按照当地人的“父辈传下的传统”以及法显有关达丽罗的有趣的记述，佛教的东传始于弥勒神像的设立，而不是佛涅槃后300年才开始。

第一次正确地把法显的“陀历”定义为“达丽尔”的是坎宁安总督，其后玄奘关于同一地区的记载被翻译后，便证实他的推断是完全正确的。《大唐西域记》告诉我们：

普揭釐城东北，逾山越谷，逆上信度河。途路危险，山谷杳冥，或履絙索，或牵铁锁。栈道虚临，飞梁危构，椽杙躡蹬，行千余里，至达丽罗川，即乌仗那国旧都也。多出黄金及郁金香。达丽罗川中大伽蓝侧，有刻木慈氏菩萨像（即弥勒菩萨——译者），金色晃昱，灵鉴潜通，高百余尺，末田底迦。阿罗汉之所造也。罗汉以神通力，携引匠人升睹史多天，亲观妙相。三返之后，功乃毕焉。自有此像，法流东派。

达丽罗确是达丽尔的译音，或者说是该地早期的中文音译，这不需要任何特别的证明，因为两位高僧所说的关于当地崇拜弥勒菩萨神的叙述十分接近，而且提到的是同样的地方，所以是毋庸置疑的。而且其有关地貌、出产、距离、连接乌仗那或斯瓦特的道路特征的叙述，均可结论性地确定为现在的达丽尔的所在。

《唐书》中简要提及的达丽罗，位于蓸揭釐城的东北，即乌苌旧地，这些材料可能源自《西域记》，并没有增加什么新鲜的材料，所以我们可立即转到上述引用过的中国高僧有关古代达丽尔的资料上去。他们对神奇的弥勒木雕像非常关注并记载了有趣而又一致的细节情况，这将留在下面再讨论。另一点值得注意的是，法显讲到这个王国虽小，但还有很多和尚，我认为，这是达丽尔一带土地肥沃的一个明显的标志。这样的证据还有，达丽尔和丹吉尔在现在还吸引着来自南方、西方邻近地区的大量赛义德人（指圣裔——译者）和伴随的塔里班伊姆人（Tālib-ilms，阿拉伯语词，本义为学生，此处为门徒——译者），他们发现此地非常适于生活。由于他们的出现，两条山谷声名鹊起，令人向往。尽管如印度河谷的其他地方一样，该地的黄金的出产量很低，但人们仍在达丽尔河和邻接印度河的河道中淘金。我未曾听说过现在的达丽尔还种植藏红花，但事实上，这里气候非常接近克什米尔山谷的天气，而且它现在仍以藏红花的种植地而闻名，这足以说明法显的说法是有根据的。最后值得指出的是，他认为达丽罗"即乌仗那国旧都也"（见《大唐西域记·乌仗那国》，此处可能误以为法显所说——译者），说明达丽尔及其邻近地带，只要政治环境有利，还有可能成为重要之地。

达丽尔提供的大量现实和潜在的资源，在我考察主谷的几天中给我留下了深刻的印象。在我们到达尼雅楚特的第二天早晨，展现在我眼前的，是面向北面的宽阔林谷的壮丽景色。谷底为肥沃的草地，几乎是平整的，两侧翼是茂盛的树林，覆盖了主谷和边谷的各条斜坡。后面可见的高峰可俯视道达尔格利和苏杰格利山口。这些山口在夏季和早秋可通向亚辛河和吉泽尔河的合流处的古比斯，然后通向吉尔吉特山谷。

仰视这些山口，我回忆起法显和其他一些中国旅行家，他们可能沿着从帕米尔和巴鲁吉尔来的这条道路行走，在走过荒芜的岩山和裸露的高原后，突然看到这条高山植被茂密的山谷，心情是多么愉快！对他们来说，这似乎进入了迷人的印度沃土的大门。在骑马回到海拔7 500英尺、伊什科巴尔小河流入尼雅楚特的地方时，我注意到两边小耕地上，都有着旧梯田和旧灌溉渠道的遗迹，现上面都种着大麦或玉米。其灌溉水非常丰富，即使在早晨高山雪床还没有融化的时候，上述地点的主流量就达180多立方英尺/秒。

我们从伽巴尔的营地，轻松地穿过茂密的树林，下到了基奈尔伽赫山谷谷口的近处，把最后一批喜马拉雅雪杉抛在了后面。那里的谷底宽阔，达15英里，还可以看到现已废弃的大量旧梯田。但与这熟悉的景象相比，打动我的是主流和水道边缘坚固的堤防上种植的成排的树木。此景和丰富的以小麦为主的庄稼盖住了吉利奇谷谷口下的所有耕地，毫无疑问，尽管在几个世纪的暴政或无政府状态下，达丽尔失去了许多，但农业仍然保留了下来。

就达丽尔山谷来说，谷地很开阔。除了许多已开垦的土地，大部分仍是因缺少人力而未能耕种的土地。沿着这些土地一直向下，我们还可看到横挡住印度河的高山山脉。在为数众多的边谷的入口处，有着广阔的冲积扇，现大部分长着树木，随时可以开垦成耕地。经过一天短暂的行军，我们来到了一块冲积扇旁的高地。在此向南可俯视由几组紧凑的村庄组成的名叫曼基亚尔的富庶之地。在达罗特村果园及田地附近，我让调查员和我的随从们在这充分的日光中休息几个小时，这可说是他们离开克什米尔以来的第一次享受。

应我的要求，罗阇帕赫东·瓦利令人把一张"古迹"的名单提供给我，并派来了来自曼基亚尔的知识丰富的白胡子老人，以充当合适的向导。次日早晨我便让他们开始搜寻，被报上来的遗址数量相对较多，都冠有"库特"（Kōt，意为古城堡——译者）。但允许我参观达丽尔的时间非常有限，因而对这些遗址的调查被迫加快，这些快速的调查已足以使我认识到这些遗址体现出来的共同的典型特征，并使我相信其中大部分遗址是前伊斯兰时期筑垒的居住地。与我在考察遗址后所作的详细叙述不同，这里简略地说一下它们的特点，或许会更有用。

从位置而言，所有遗址都占据着石脊，自然利于坚固的防守。像在达罗特东南附近的拉玛尔古堡遗址所在的山脊那样，这些山脊或突出于山谷的冲积坡，或形成降至山谷冲积坡的诸山梁的末尾陡峭的支梁。这些山脊不论大小，都有美观的梯田，上面压着居址的腐物垃圾。在大的遗址上，整个地方都建筑有厚重的围墙，使用的建筑材料都是粗糙的石头，但垒砌得非常仔细，技术远比现在达丽尔的建筑技术高超得多。特别是外围墙，规模巨大。

外围墙仍在原地，高约8英尺，而台阶式的墙则更高，居址壁的厚度从3英尺到4英尺变化不等。围墙的厚度更大，在拉杰古堡遗址发现的巨大墙基残址上，宽度达到16英尺。

达丽尔的古堡遗址的位置和建筑特征，使我想起了在斯瓦特谷地下部和白沙瓦地区北疆山区调查时所熟悉的广大的佛教时期的居住遗址。确实，我在别的地方都没有发现像犍陀罗和乌仗那遗址那样的特别的泥瓦工技术，即在粗石间缝隙里填充小片石。但这些达丽尔遗址遭受到更大的破坏，是由于这里的气候比西北边境要潮湿得多，而其他的方面则非常相似。

我要提到的一个相似的、有趣的观点是，正如在斯瓦特山谷，在布内尔和犍陀罗范围内的其他地方，小的带围墙的居地所占据的特殊位置，表明选择地点不仅仅只考虑到防御的因素，而且还兼顾到节省每一块耕地。精心耕种的梯田，在邻近的山坡上随处可见。由于达丽尔人口减少，这些遗居址被填满以后，土地被废弃，并逐渐被丛林覆盖。自从废弃或由此引起的"干旱"迹象，我没有看到任何证据。例如，在布朱古堡和塔罗纳尔古堡的遗址，一方面我们仍可看到小的保存得很好的灌溉渠道，仍流淌着大量的水，通过丛林覆盖的梯田，流向山谷下方的田地。另一方面，我注意到现在的村庄，不管是开放型的，还是有围墙壁围护的，如曼基亚尔和萨玛吉亚尔的中心集镇，受人口压力所迫，都占据着可用于耕种的好地。

现在我简要地按顺序叙述一下我能参观的曼基亚尔周围的一

图4 达丽尔朱米古堡的围墙

些遗址情况。在达罗特东南约0.5英里处，有一个俯视曼基亚尔土地开阔谷地的石嘴，上有拉玛尔古堡，周绕围墙，略呈椭圆形，长径约100码。断垣残壁间及居址内有大量的陶片，表明居住时间较长。下方100码的小石顶上还有另一处围墙，但较小，名叫朱米古堡（图4），部分围墙用的是大的粗糙砍制的长达4英尺的石

图5　达丽尔的西沃古堡，上望西谷伽赫山谷

块。再沿着一条位于达罗特高原陡坡边缘，并从西谷伽赫峡谷引来的小水道向西南而行，我来到了名叫塔罗纳尔古堡的一处阶梯状居址遗址，它们占据了吉力达尔峰侧的悬崖，无须考虑防卫因素，因此没有发现围墙。

　　前述的水道巧妙地沿着陡峭的山坡。我们顺着它，抵达了0.5

英里以外的布朱堡遗址。它由一系列带围墙的居住遗存组成，占据着沿陡峭岩嘴的窄顶的带护墙的台地。这些台地，宽20~30码，位于水道以上，持续高度达150英尺。居址的瓦砾堆覆盖了陡峭的坡地，图5展示了从这一点向上开放到西谷伽赫谷的好景色，在谷口的一座小山上，有一组类似的遗存，名叫西沃古堡。

在布朱堡西南150码的地方，以及在其底部下100英尺的层面上，我看到了破坏得更为厉害的梯田，其顶部和坡度上散布着烧过的人骨，夹杂带有粗糙装饰的陶片。我们还发现了珠子、玻璃碎片和金属装饰品，表明在前伊斯兰时期该地区是一处火葬墓地。从这些小物品发现的情况看，它们是从焚尸的木柴灰烬中和骨殖碎片一起被捡出来的。另外一些遗物，如银饰牌和小的护身符盒，也许在焚烧之前从尸体上拿走，随后和骨殖碎片一起存放于单独的小容器内。这些小容器通常是陶瓮或类似的陶器，这可从出土的大量陶片以及硕尔楚克和斯里巴哈劳尔这样遥远的佛教圣地类似的发现中类推出来。

在遗址中没有发现任何钱币，也未发现任何确切的纪年标志物。小金属器上的装饰图案，无疑受到了印度艺术的影响，其类型犹如现在提及的达丽尔的木雕图案，尽管它们带有早期的特点，但历经几个世纪仍保持不变，其年代可能接近我无法肯定的伊斯兰教传到达丽尔的时间。从伊斯兰教传入吉尔吉特及邻近地区的年代推测，我想它不会比公元15—16世纪早多少。在一起的白胡子老汉告诉我们，这个地点一直被卡菲尔人尊为神圣之地，数年前发现的一块刻画大石板已移到察图尔肯德村的清真寺中，被崇拜为博特。但是他们不记得是在墓地本身发现的，还是在一处大型建筑的瓦砾堆里找到的。该建筑的台地上的一处方形围墙现在还可以找到类似的物件。

前伊斯兰时期的传统至今在达丽尔仍可见到，这同我路过的察图尔肯德村的一处"遗址"的民间故事有关。在布朱堡东南约1英里及西格巴尔小村不远，我看到了一块荒地，上面覆盖着名叫玛塔劳特的不规则形状的石堆，有人认为这是一个古代村庄的遗址。因为它惹怒了蛇神，所以遭到了下雹样的从天上落下的石头或卵石的惩罚。据说在那个惩罚之夜，只有按蛇神之意供献食物的一个老妇人和她的女儿才逃过了这场劫难。很显然，我们所说的正是印度佛教中很有名的关于复仇那格（Nāga，意为龙或大蟒蛇——译者）的一个故事。其复仇方式使我立即想起了由卡勒哈那记录下来的关于纳拉普拉城毁灭的古老传说。在克什米尔传说中，其地点被定在维杰伯洛尔附近，并把毁灭的原因归罪于那格索斯雅瓦斯。关于罗摩衍塔维的废石堆的来源，我认为与玛塔劳特卵石埋藏地带的达丽尔民间传说非常接近。

向东行走0.5英里，我来到了察图尔肯德和以北1英里的拉希玛尔，它们都是曼基亚尔村落中的大村庄。在一粗糙的围墙内，我发现了一个有碎石墙和用人字形木顶的大型房屋群（图6）。察图尔肯德据说有200多户人家，尽管许多居民在夏季外出从事他们的耕种或放牧，但样子很像一个小镇。我在清真寺所看到的从

图6 达丽尔，曼基亚尔察图尔肯德村的街道

布朱堡运来的大石板已被建成了靠近祷告地的宾客室的灶台，因此不能进行全面的考察。其暴露的外表，长近5英尺，素面。但在灶台上方的木天花板上，我注意到连续递减的方块安排，与我在第二次考察中在奇特拉尔和马斯图吉所见到的老民居的装饰方法基本一样，也与我们在犍陀罗和克什米尔寺庙里所见的天花板

图7　达丽尔，察图尔肯德的白胡子老人和雕花的坐台

上保存下来的石雕原型一样。

　　支撑天花板的柱子较粗糙，但有活力的浮雕做装饰，这些装饰我以后在别的地方的清真寺的木雕装饰房屋墓葬中发现了大量的例子。围墙门外的坐台（图7），是察图尔肯德白发老人喜爱的集合地，杜多古堡精美的圣堂（图3）以及图8中萨玛吉亚尔外墓

图8 在达丽尔的萨玛吉亚尔，坟墓的雕花木围栏

地优美的围栏装饰，也许可以代表当地的手工技术。最流行的图案，包括在一长方或圆框内四叶铁线莲样的花叶，半开的莲花卷叶和成对的藤蔓叶，我认为它们都是从犍陀罗的希腊—佛教艺术中常见的浮雕装饰图案中直接吸取过来的。其图案和风格使我回想起在尼雅和楼兰的沙漠遗址中发掘出来的各种建筑或家用物件

上的装饰木雕。没有时间对这些达丽尔雕刻以及相似的古物学做仔细的研究，我感到深深的遗憾。

从察图尔肯德我下到了山谷中部的一片开阔地，那里有拉杰古堡遗址。该遗址所据的岩峰，是高山岬的几乎独立的支脉，形成了一个引人注目的路标，其北翼有巴察伊山谷。此岩峰似乎在曼基亚尔的上面。沿着道路往下走约1英里路，紧靠一条支谷谷口的陡峭的悬崖，我向西看到了废弃的梯田和伯杜古堡以及迪瓦利古堡的墙壁，但我们只是路过，未能踏访它们。我们穿过了一片肥沃的土地，这些土地被断断续续地耕种，表现出人口不足或劳力缺乏。之后，我们到达了格里古堡。在格里古堡发现的中等范围的遗址，属于普通类型，占据了拉杰古堡山的最北峰。在东南方向的卵石散布的山脊上，我们向下朝这个地方走去，经过的地方到处是大块石头筑垒的梯田，目前已被灌木丛完全覆盖。当初，一定有灌溉渠道把水从巴察伊河中引到此地，但现已无迹可寻。在一个名叫拉诺特的地方，我爬上了一块狭窄的完全水平的条块土地。这块土地坐落于两条低矮的多石的山脊间，使我感到奇怪。按照当地的传统，在古时候拉杰古堡曾是拉斯或达丽尔国王们的居住地，因此这块地方应是一块马球场。使人感到奇怪的还有，打马球这种在阿斯托尔到奇特拉尔的所有达尔德人的山谷中非常普遍的贵族游戏，现在竟在达丽尔完全消失了。我们在齐拉斯和沿印度河往下的科希斯坦山区也未听说过有这种游戏。

在拉诺特上面一点，我们被一条陡峭的山脊吸引住了，它的支岔与巴察伊山谷上面的拉杰古堡相连接。山脊的几面山坡上覆盖着厚厚的老冬青槲，同时沿着其裸露和狭窄的山顶，延伸着我的向导称之为达尔班德或丘萨的一道厚墙。显然，此墙原先是用来封闭拉杰古堡之西的山谷，以保护拉杰古堡的侧翼。但陪伴我的曼基亚尔的"基希特罗斯"或头人自告奋勇地提供了信息，此墙也是为了保护埋于地下的陶管线路的，这条管线曾把巴察伊河的水引到现已废弃的拉杰古堡。但我们在山脊上未发现水管的任何迹象，我也因没有时间未去探察个究竟。考虑到在现在的达丽尔从未听说过使用水管或地下水道的事情，因此这种说法还是非常有趣的，不管它是根据传统习俗还是根据一些实际发现而得出。由于前述拉杰古堡顶部的堡垒是在山脊顶上建筑起来的，所以很明显，除了采取刚才说的那种措施，没有别的供水办法。

图9、10所表现的山顶，海拔5 680英尺，高出东麓的河床约500英尺，上有很好的植被。当爬上它以后，我首先观察到北面稍低的山肩上，有一处像小城堡那样有围墙的废墟，毁坏比较严重，东西约长30码，对角略短一些。从外表来看，它用粗糙的巨石筑成，而外堡废址上堆积的大量瓦砾和泥土，使我毫无疑问地确定了它的古老性。当我们从山脊往下走的时候，我看到了一座用墙围得很好的近年修筑的堡垒。有人告诉我这座堡垒是现代曼基亚尔人所筑，目的是为了防范来自南面的入侵。这种担心是因为1892年齐拉斯被英国人控制而引起的。尽管建筑得非常粗糙，但现在围墙仍保存得很好，证明了上述的说法。这座现代堡垒似

图9　从拉杰古堡遗址上望达丽尔

乎还未完工。不管怎样，如图9所示，它所用的小石头，使它的
轮廓很容易地与下面山坡上找到的一座古代大型堡垒相区别开来，
同时也有别于这一地区的被损毁的居住遗址。

　　古堡的墙壁尽管用大石头筑成，但由于筑于陡峭的低山坡，
因此多数已经毁掉，其在地面上的遗存高度都不超过5英尺。根

图10 在拉杰古堡山顶向西北望

据遗迹，可容易地确定南面长度为250码，东南角向北约宽170码。堡内用同样材料砌成的占据缓坡的几道墙壁的毁坏情况不是很严重。在我对拉杰古堡的快速调查中，我得到的一个总的印象与当地的说法完全一致。据这种说法，此堡是古代达丽尔统治者的住地，这仅从拉杰古堡的名称就可证实。该地由于位置优越而被选中，原因是它在山顶上的空间相对较大，而且完全控制了山谷的狭窄的咽喉部位，即它位于两块主要耕种区，也就是北面的曼基亚尔和南面的萨玛吉亚尔之间。

这个中心位置具有把这条山谷的两大社团分开，并有利于加强控制的优越性，于是罗阇帕赫东·瓦利在拉杰古堡的南麓挑选了小块开阔的平地，作为城堡的所在地，并把它作为他在最新并入的领地中的住所。同时，该城堡也可防范可能出现的反对势力。这个地方很久以前就无人居住，甚至巴察伊西谷口的肥沃土地也是在最近才被重新开垦出来。在还未完工的古玛莱古堡宽敞的庭院中，罗阇帕赫东·瓦利正式接见了我。该堡围墙高耸，四角筑有角楼，建筑方法似乎是从长期控制奇特拉尔和马斯图吉的统治者的古堡抄袭而来，尽管那些统治者来自王族几个世纪来与之浴血奋战的敌对支族。

无论从个人方面还是从历史学角度来说，面见帕赫东·瓦利，对我来说都是一次十分有益的经历。他的父亲米尔·瓦利是亚辛的统治者、哈伊瓦尔德的谋杀者，最后沦为亡命者。他在从事过一段督导员的时间后，成功地建立起一个新的王国。该王国是印度最新看到的用老的冒险方法建立起来的王国，也许是现代最后的一个王国。罗阇帕赫东·瓦利（图11）虽不能说是一个健壮的男子，但从面部表情和外观来看，他精明而又精力充沛，这种特性使他获得了成功。尽管他看起来比46岁的实际年龄显得更年轻一些，但在动荡时期的冲突和谋略中未犯过什么过错。总的来说他

图11 罗阇帕
赫东·瓦利和他
的两个儿子

表现得很节制，其中兼杂着怀疑和狡猾。不管怎样，在他不戒备的时候，我想我瞥见了他原本的和蔼，当说起他幼小的儿子的时候，他言语举止变得温和起来，不由得使人同情起来。他急于把他用阴谋诡计和肆无忌惮的暴力而获得的一切传给他的儿子。为此，他可以命令或者用他政策的有效手段，来获取被他雇用的、那些在他周围的人的真正依附和忠诚。据我亲自观察或道听途说的情况来看，这些事情是非常明显的，他显然竭力使用带有赛义德人和丹吉尔毛拉们使用的宗教色彩的言语，因为这些神职人员在达丽尔和丹吉尔两地有着很大的影响。但是，毫无疑问，尽管他企图在最后显示出狂热的感情，但在我看来，毛拉既不能单独，也不能共同地在帕赫东·瓦利的内阁议会中发挥多大的作用。

在罗阁王身边的奇怪的群臣，尽管经历了长时期的磨炼，仍明显地保留了许多达丽尔人的特征。在我看来，其中的老人和头领（图12）是最独特有趣的人物。他们以特有的方式体现出达丽尔人种类型的主要特点。尽管我进行的是非人体测量专业的观察，而且也没时间来收集这方面的资料，但我认为，总的来说，这些人和占据着邻近山区的也操希纳语的达丽尔部族无疑属于同族人。当然，也可以看出一些体质特征上的一些精巧化的变化，如男人的容貌有了很大的改善，体格也变得不那么粗壮了。但血统关系的减弱，以及帕赫东·瓦利来到之前达丽尔的长期无政府状态，似乎是达丽尔人在体质和精神方面缺乏力量的最好说明。使我印象深刻的是，在他们身上出现了城镇市民的特性，他们需要一个强有力的统治者。

那天晚上以及次日早晨，胡希瓦克特首领帕赫东·瓦利来到我在吉米伽赫河不远的营地，做了较长时间的回访，在此我要多说一些从他那里得来我感兴趣的消息，一些细节情况我就不赘述了。由于在吉尔吉特和奇特拉尔办事处控制的地区，英国的影响越来越大，因此很明显，帕赫东·瓦利急于想模仿这些地区，实

图12 在古玛莱古堡的达丽尔头人们

现物质上的进步。他希望改造其境内连接各山谷的羊肠小道，以利于用牲畜载货运输，另外还要建设一些相似的商业和交流设施，这使他更倾向于舍弃以前闭关自守的独立性。尽管他很希望能获得现代军火武器，但他更希望从英国政府部门获得工程设备和其他的一些帮助。随着达丽尔和东西邻近山谷为增加农业产出而实行的开放特别是重要的自然资源的开发，罗阇帕赫东·瓦利似乎将更加活跃。若干年后，我毫不奇怪地得知，自我的访问以后，他花了很大力气去筑路，以方便交通，他还努力地吸引新的定居者去达丽尔和汗巴里的荒地去开垦。

对于我在其领地里的安全通过，他既没有给予过多的关照，也没有制造什么麻烦。我在达丽尔的考察中感受到给予我的友好和温暖的欢迎，因此我对它的统治者抱有一种真实的同情心，这是十分自然的。这种感受激励我在此简要地记录下罗阇帕赫东·瓦利和他的王国的悲惨结局。在我访问后的数年中，他的政策有了明智的改变，即从进一步扩张和征服转向保持他的领地的和平与稳定，其改革措施是改善交通通信、贸易设施等，还密切了和吉尔吉特办事处的关系。但不管怎样，就丹吉尔人而言，由于记住了许多流血的行为，或许他们原本就喜欢骚乱性的独立，所以憎恨情绪依旧保留着。1917年冬天，叛乱阴谋终于得逞，罗阇帕赫东·瓦利在丹吉尔被残酷地用斧头杀害了，当时他正在视察罗尔格的一处建筑工地。随着他的死去，首领制也突然结束了。丹吉尔的部落人以及以前的伽巴尔海尔人立即抢劫和烧毁了

图13 丹吉尔的乔格罗特，罗阇帕赫东·瓦利的城堡（莫亨塔乔·沙·阿拉姆坐在前排）

在乔格罗特的帕赫东·瓦利的旧堡（图13）。然后古玛莱古堡也被达丽尔人大肆攻击和掠夺，据说围墙也被他们夷平了。罗阇的妻子们、孩子及近亲，包括莫亨塔乔·沙·阿拉姆，被迫逃往西边的独立地。他们中的大部分人现住在甘迪亚，沦为靠施舍而勉强生存的难民。此事是该地区同类历史事件中的一个，我为认识了这个故事中的主角而感到高兴。

第五节　穿越下达丽尔和丹吉尔

在8月18日，我从古玛莱古堡向下前往达丽尔主谷。在过河前往该地最多的田地以前，我参观了名叫吉米伽赫的谷口。在名叫麻扎库特的村庄遗址的断墙上方，有一地点按照萨玛吉亚尔地区的传统，在前伊斯兰时期，是举行宗教仪式的地方，人们称之为吉米迪沃。那里的地面上直立着一块粗糙的石板，高4英尺，据说一直是被崇拜的对象。其北面不远是泥石混合堆积，很明显是滑坡造成的。人们告诉我们，滑坡毁掉了保存了几代的两个大的"博特"陶像。

从那里我们向南走，经过遗有废弃梯田的大片土地。据说50多年前，一座高原的顶部还一直被灌溉着。我在那里发现了常见的那种围墙遗址，名叫杜克古堡。在此可清楚地俯视南面肥沃的萨玛吉亚尔村的土地，但河左岸上方的连绵的梯田已不再被灌溉。人们已记不清楚沟渠把水送到那里是什么时候。但该地的废弃绝不是由于缺水，因为当我们从古玛莱古堡下方的桥上过河时，曾测过河里的流量为1 000多立方英尺／秒。

当我们顺着灌溉大部分萨玛吉亚尔土地的沟渠（流量为20立方英尺／秒）行走时，我注意到非常坚固的沟渠堤壁。沿沟渠生长着一排挺拔的树木，其规模可说是沟渠排树的古典例子，其景象不由得把人的思绪带回到欧洲。萨玛吉亚尔包括两个人口众多、紧凑的村庄，即比罗古堡和杜多古堡，彼此相距1英里。后一个村庄的附近有一座大堡垒，其建筑年代与拉杰古堡的新堡同时。萨玛吉亚尔紧密的房屋（图14）以及几处崇拜的地方（图3），表现出一个小镇的面貌。其人口估计有540家，我认为此数没有夸大多少[1]。在杜多古堡村下傍河的一处荫凉的果树园中，有一个精美的墓地，其木雕上表现的大胆的古代装饰图案令我震惊，因为我从希腊化—佛教浮雕品中已经非常熟悉这些图案，包括莨苕叶、莲花、塔和我认为从佛教衍变出来的装饰图案。

在伯杜古堡下面，山谷变窄，没有看到耕种的迹象。只有在2英里以下的卜古察，才见到肥沃的梯田。住家散落于茂盛的果树林和葡萄园中，其情景说明土地肥沃，气候良好，与周围荒裸的低山坡形成鲜明的对比。但我最感兴趣的是在达丽尔最有名的卜古察的庙宇。再向下行走于河左岸绿树成荫的果园间，我首先参观的是名叫穆余拜克的墓地，那里有一个大的老果园，掩埋着沙哈海尔·巴巴六兄弟的坟墓。沙哈海尔·巴巴是卜古察人的崇拜对象。我只知道这几个兄弟是虔诚的男子，为沙哈海尔·巴巴而

---

1 莫亨塔乔·沙告诉我另一些达丽尔的户数：包括拉希玛尔和察图尔肯德在内的曼基亚尔，510户；卜古察，140户；伽亚尔，500户。那时占据杜迪沙勒和汗巴里山谷土地的常住户数据说少于100户。

图14 达丽尔，杜多古堡村的大门

殉难。

此圣人的礼拜堂位于河床对岸的一条石质谷口，高出谷口约200英尺。除了几座用以祈祷和给信徒们提供食宿的建筑场所，我们发现整个齐亚拉特上面都有用雕刻木头做的墓棚，这应是这个圣人的坟墓（图15）。我在遗址上听到的传说是，沙哈海尔·巴巴作为来自斯瓦特的一位圣人，欲改变异教徒原来的宗教信仰，给他们指明通往伊斯兰教极乐天堂的路。他是一个契斯提（意为契斯提教团的圣者——译者），非常喜欢音乐。在他出于宗教目的四处活动的过程中，被卜古察的异教徒砍下了头，并带到了印度河谷下游几百柯斯（度量单位，1柯斯约合1公里——译者）的地方。但神奇的是，头从空中飞回，重新接到了这位殉教者的尸体上。

图15 在达丽尔的卜古察，沙哈海尔·巴巴墓上的木雕

由于他的神灵得到了证明，达丽尔人彻底信服了，所以一直对他的死亡地进行崇拜，并以他作为最有效的保护神。其麻扎（即圣墓）在达丽尔及邻近的山谷中最为有名。我们得知，由于这位圣人的神奇力量，全印度河流域、斯瓦特、科希斯坦和兴都库什山区的朝圣者都来礼拜，路远者途中需走20天。

根据这些地区仍在延续的地方崇拜，我们有理由认为卜古察最有可能是弥勒菩萨木雕像的所在地。上面所引的法显和玄奘的记述中，曾提到现在称为达丽尔的地区，菩萨像是一个特殊的崇拜对象。他们描述的木雕像的材料和尺寸均与我们所知的此山谷的重要木材相一致。正如法显记述中所暗示的那样，如果它被全身贴金，那么就可以较容易地找出完全失踪的原因。

沙哈海尔·巴巴墓地的景色表明，这条山谷的低山坡上日益光秃，使人联想起印度河峡谷附近和变化的气候条件。因此当我在卜古察下面沿着河左岸一座狭窄陡峭的高原前进时，我发现那里几乎没有植被，其最高处的堡垒泥筑而成，对此我也毫不奇怪。使用这样的建筑材料，则清楚地表明，该地缺少达丽尔高处的大量水汽。劳赫劳古堡（即红堡），名称源自泥土的红颜色。其墙壁大部分已严重颓塌，但在许多处仍高10英尺，围成了一个长174英尺，对角长115英尺的长方形。角上有棱堡遗存，约12英尺见方，表明大门在东面的中间附近。墙体筑于粗糙但坚实的石头基础上，厚度接近3英尺。其古老程度可用插入墙内以加固墙体的木片来证明，插入的木片已完全朽碎，仅留下了窝孔。毫无疑问，这座小堡是用来扼守此山谷的入口，由此可以完全控制住河的左岸。

我们沿着陡峭的山路向下到了河边，并沿河走了 1.5 英里，来到了伽亚尔。这是一个人口稠密的村庄，占据河的右岸，来自伽亚尔伽赫谷的一条大支流在此汇合。此地海拔约为 4 600 英尺，离印度河约 5 英里，傍晚的炎热令人难受。在一个小山嘴顶上，厚重的围墙及大的清真寺的精美木雕使伽亚尔呈现出城镇的面貌。其附近的梯田以盛产葡萄而著名，冠绝达丽尔，并主要用于生产酒。在这里和达丽尔的其他村庄里，酒要保存多年。正如后来情况表明，尽管毛拉禁止用酒[1]，但事实上酒的消耗差不多是无限制的。因为伽亚尔伽赫山谷过于狭长，不适于过多的农耕生产，因此伽亚尔人的富裕主要归功于村庄上方大量的牧场。

我的进一步的日程安排，使我未能对支谷进行仔细的调查。为避开狭窄的印度河峡谷中的夏季酷热，我们不得不在夜间行走，这使我们没有机会来对宽阔的山间牧场做调查工作。我准备采纳这样的建议，即走另外一条穿越沙尔达伊山口的行得通的道路，进入丹吉尔。为此我们在半夜到达伽亚尔后不久即又出发，因为

---

1 达丽尔流行的习俗，有力地证明了达丽尔人喜爱葡萄酒并很在乎保证其质量。即使是葡萄主人，也不能随便采摘葡萄，否则要受到严厉的惩罚。直至每个部族长老确定一个特别的日子，以敲鼓来宣布采摘葡萄的开始。冒犯这个规定，哪怕程度很轻，也要受到严厉的处罚。这种习俗与南欧许多古老的葡萄产区的做法，有着非常相似之处。

向西通向山梁把达丽尔与丹吉尔分开的小道非常崎岖，在白天攀登其毫无掩蔽的下面一段路程，会使我们的脚夫感到非常难受。在山谷里走了1英里后，通过一座桥，我们越过了伽亚尔伽赫深谷，然后走上陡峭石坡上的弯弯曲曲的小路，直到海拔7 000多英尺绝对裸露的地方。在离谷底约1英里的地方，小道经过了保护通向达丽尔的道路的劳赫劳古堡。该堡的围墙形状呈长方形，用泥筑而成，外面尺寸为183英尺×262英尺。其保护状况和建筑特征表明，其年代与另一个劳赫劳古堡同时，但东北和西南墙有12英尺见方的棱堡，各墙角均用大粗石筑成。

在走过一片长着冬青槲的地带后，小道极为陡峭。至约8 000英尺的高度，小道便进入了散乱的雪松林。我们至少艰苦地爬行了5个多小时，才来到了狭窄的山脊顶部，越过了这个海拔10 050英尺的山口，宽阔的远景便展现在我的眼前。从一座孤立的岩峰绝顶到这山口南边，可看到面向达丽尔、丹吉尔、印度河谷及后面山脉的广阔景色。我们正对的是一条冰川覆顶的大山脉，其高峰的海拔近20 000英尺，西边与丹吉尔界邻。在西南面，我清楚地看到了20多英里远处的一条深壑，由此，印度河在高出河流13 000~14 000英尺的陡峭的雪峰间急剧地转向南流。我们向这著名的峡谷前进，据说较为宽阔的河床渐收缩成一条极端狭窄的峡谷。此峡谷旁边有一个属于北面的肯迪亚和南面的锡欧部落的独立地区，这是欧洲人第一次看见它，我不知道我何时再能到这里来考察这些印度河峡谷。正是从这里，中国的朝圣者向南走上了

"途路危险，山谷杳冥，或绁索，或牵铁镍。栈道虚临，飞梁危构，橡杙蹉蹬"的艰难道路。

从此关口下到丹吉尔河的路途确实折磨人，因为在覆盖着浓密的雪松林的山坡上走了约1英里后，小道或沿着陡峭的崖壁直下，或在巨大的岩屑场上通过。我们进行了9个小时的连续攀登后，在谢胡村上方见到了最初的水源。在下面山谷的另一面，可看到迪亚米尔和罗尔格两个大村庄，其梯田散布于宽阔的冲积扇上，靠冰雪融水来灌溉。而丹吉尔河则从一条多石的隘路里流向塞克洪村。在隘路后面，谷底变成一块宽广肥沃的盆地，上面散落着里姆和加格罗特两个小村庄。罗阇帕赫东·瓦利的堡垒就筑于后一个村庄的河的右岸上（图13），那里正有一个非常愉快的招待会在等待着我。当帕赫东·瓦利还是一名来自奇特拉尔的难民时，他就居住于此。其后这个堡垒进行了较大规模的扩建。这个堡垒还目睹了一场令人难忘的围攻。占据丹吉尔上部的有势力的伽巴尔海尔宗族成员，徒然地尝试着要除去他们有野心的被放逐的外来者（指帕赫东·瓦利——译者），最后他们遭到了失败，这标志着帕赫东·瓦利成势的第一阶段。

由于实际原因，我通过丹吉尔永久领地的时间，限定为两天。但时间还是足够的，一方面使我了解了丹吉尔和达丽尔在土地肥力和自然资源方面的相似性，另一方面也弄清了有关其人口的特点和生活方式的不同。从加格罗特连续延伸到杜巴特上方最后村落的可耕地，事实上绝不少于达丽尔主谷内的有效耕地。它们分别坐落于海拔6 000英尺和7 500英尺的地方，两地间的气候条件，几乎与古玛莱古堡和尼雅楚特间的气候相同。而丹吉尔的有效灌溉用水明显要丰富一些，原因是从西面和北面山区流出并汇入丹吉尔河的溪流，不仅在高度上高于达丽尔周围的那些溪流，而且还来源于持久的大量积雪和冰川。我在加格罗特桥下，曾对流过的丹吉尔河做流量测定，发现其流量之大，达到2 100立方英尺/秒以上。

采伐海拔11 000~75 000英尺的山坡上的森林，必须有较大规模的河流。因为大流量的河水可以将伐下的木材扎成大木排，漂流到印度河。木材的买卖生意大大地增加了丹吉尔的经济收入。我在参观时，发现大堆的木头壅塞在加格罗特河的峡谷里。但第二年春天和早夏，融雪化成的大水便会清走这些堆积，并把它们安全地送到遥远的平原。毫无疑问，像现在一样，古代犍陀罗和印度河下游的地区一定从丹吉尔和达丽尔运走了大量的木材，木材生意成了罗阇帕赫东·瓦利重要的收入来源，而这项贸易则被卡卡海尔商人及来自白沙瓦地区的著名的办事处所垄断。其尊贵的宗族有能力独自进行这项商业活动，他们还在斯瓦特河源头的对别人来说太危险的地带进行木材交易。

尽管在语言和种族遗传方面，丹吉尔人（图16）可能和他们的东邻没有什么差别，但我们还是注意到了其在人口特性方面的显著差别。最明显的也许是在整个丹吉尔，人们以村落群和孤立的土地而散居着。达丽尔人现在每年都有很长一段时间聚集在城镇

图16 加格罗特的一组丹吉尔人

似的大村庄里，而在丹吉尔没有发现一个这样的村庄。我也没有听说过这里有自古以来达丽尔人寻求庇护的筑防村寨或堡垒。我在丹吉尔所看见的房屋和沟渠，都比达丽尔所看到的建筑粗糙得多。另一方面，我也注意到丹吉尔人所拥有的更为突出的刚勇气概，可能是出于反对新政权的一种本能的反应，而达丽尔人则比

图 17　丹吉尔帕劳立的古清真寺

暴躁的丹吉尔人要温顺得多。尽管帕赫东·瓦利在丹吉尔建立的势力持续了很长时间，但丹吉尔人内心所藏的敌意还是非常明显的，这可以从我们警惕的陪同为保护我们，日益小心，以防备敌人任何企图的行动中可以看出。因此我们在 8 月 20 日向山谷上方移动时，他们竭力在我们的两翼进行保护。在某种程度上说，丹吉尔人之所以以刚猛闻名，是和狂热的宗教精神相联系在一起的。当然，我无法评判他们的狂热程度，但可以肯定的是，在达丽尔普遍流行的蔑视伊斯兰禁酒令的行为，在此完全没有。还有，我也未能逃脱宗教学生的挑衅，当时我们注意到，在帕劳立的古清真寺中，学生们簇拥着一名著名的毛拉（图17），首先威胁着要同我们的陪同打架。

当我们来到由伽巴尔海尔人拥有的卡米上方的山谷时，我注意到两地间的肥沃田地，它们曾经被开垦过，但现在完全被灌木丛和冬青槲丛林所覆盖。我们通过了达罗伽赫边谷，从此向上，有一条小道通向伽巴尔海尔人和达丽尔的主谷。然后，我们来到了帕劳立和帕巴特的村庄。再往前走约3英里，我们到达了杜巴特，那里有从西边下来的卡契尔伽赫大支谷。通过它，我们可以到达尚未考察过的卡尔迪亚山区前部的伽必利亚尔山谷。在卡契尔伽赫和萨特尔的主河汇合处附近，我发现在一块多石的高地顶部，有一座名叫比尔瑙的小城堡遗址，城堡原来可能是用来戍卫北面来的道路。城堡遗存看来不太古老。再往上走1英里，即在海拔7 500英尺的地方，我们通过了西面另一条大山谷麦察尔噶伽赫的出口，其溪流似有主谷的河流那么大。再继续沿着溪流向北，前面即是萨特尔的地方。

那里有一片茂盛的松树和枞树林，向下延伸到山谷的底部。谷底宽阔，被缓缓隆起的多树的高地所占据。近些年来，这里的木材被大量砍伐，开垦出较大规模的耕地。经过一片巨大的森林以后，我们在那天行军结束时到达了米安·沙·佐达的营地。米安·沙·佐达是来自齐亚拉特的一名卡卡海尔人，是我的调查员阿弗拉兹·古尔的伯父。多年来，他一直负责着由卡卡海尔人承包商对这片大森林的砍伐活动。他们雇佣了数百名来自斯瓦特和印度河独立区的帕坦人和科希斯坦人。正是由于他适时的求情，打消了罗阇帕赫东·瓦利对我通过这片领土的顾忌。沙·佐达还力图使这些狂热的伐木工人不出乱子。这个半神圣的代理人的影响对我们在这个地方的安全保证起了很大作用。在这里，帕赫东的权威明显不起什么作用。

所有的安排均进展顺利。8月21日，我们首先穿越了连绵不断的森林，来到了萨提尔伽赫河与东北帕衣谷的一条小支流的汇合处。我们向上穿过海拔在10 000英尺以上的完全未被砍伐过的壮观的森林。然后，我们在陡峭的岩坡和岩屑上向北爬登，来到了肖巴特山口。此山口的海拔略高于15 000英尺，处于印度河与吉尔吉特河间的分水岭上。遗憾的是，我在此即将要离开我们刚揭开神秘面纱的土地。当我们遇到从古比斯来的等在山口那边以负责我们安全的武装支队时，我不得不与我们艰苦尽责的护卫队员们道别。我所能做的是给帕赫东·瓦利的部下发放最优厚的报酬，希望借此消除因吉尔吉特警卫队员出于安全考虑而审视他们时所显出的不信任而引起的不快。

第二章

从亚辛到喀什噶尔

第一节　亚辛的历史和地理

通过肖巴特山口，进入古比斯和亚辛山区，由此向北可直通印度河和阿姆河间的分水岭。1877年吉尔吉特办事处成立以后，尽管有关吉尔吉特河源头这片山地的一些最有价值的书籍和调查资料一般人还难以接触到，但有关地理和亲缘关系方面的详细资料却越来越丰富，没必要对我考察的这部分土地再作一般的介绍。在此只记述我对文物或历史方面的考察，并简要记录我已走过的一段路程和下几站的情况，此后我打算走与以前一样的路线。

我所穿越的从丹吉尔到兴都库什主要分水岭，这地区有着特别的历史重要性，因为从德尔果德山口往下通往开阔的较肥沃的亚辛山谷的路线，是阿姆河和印度河间的最短捷的交通线。但有关该地区的早期史料仅见中国唐代的汉文资料，而且在前两部中亚考察报告中我已充分讨论过，因此只要提一下主要结论就足矣。据沙畹首先译注的《新唐书》有关小勃律的记载，可以肯定其领地也包括亚辛和吉尔吉特河谷。公元8世纪初，当吐蕃人试图从大勃律或巴尔蒂斯坦方向，穿过小勃律到达阿姆河流域，从而与唐朝势力在中亚的对手大食联合时，该地区对唐朝来说具有政治和战略上的重要性。这条最短捷的路线如能保持畅通，唐朝和受大食人威胁的克什米尔和其他印度王国的联系就会维持下来，因而保护小勃律是唐朝一项非常重要的政策。

据文献记载，早在公元722年，唐朝军队就帮助小勃律王从吐蕃手中夺回了九城。公元737年，唐朝人从遥远的方向介入，以帮助小勃律摆脱吐蕃的控制。一个著名的例子是，公元747年，唐朝大将军高仙芝率部队翻越帕米尔，在阿姆河岸打败了吐蕃人，并穿越德尔果德山口进入了小勃律。有关他们所经历的艰难险阻的文献记载较详细，我前面曾讨论过在《唐书·高仙芝传》中有关地貌的详细记载，这次考察使我们感到这些记载十分精确。例如，大胆的军事运动所穿越的冰雪覆盖的坦驹岭的描写，就与现在德尔果德山口的情况非常符合。所记的距离也证明那时小勃律国王居住的阿弩越城一定是现代的亚辛。同样可以肯定的是，横跨娑夷河的藤桥与现在古比斯横跨吉尔吉特河的桥很称。当时，高仙芝下令拆毁那座藤桥，挡住了吐蕃增援部队的及时到达，从而确保了唐朝对勃律国王的控制。通过此桥，沿着通向吉尔吉特主谷的方向，可到达亚辛。

有关高仙芝远征的汉文记载，使我们认识到兴都库什山谷虽然非常遥远，但非常重要的是，它把亚洲历史连接了起来。唐朝对小勃律的成功占领而产生的深刻而又重要的影响，可见唐书的结论性评价"于是拂菻大食诸胡七十二国皆震恐，咸归附"（《新唐书·西域传》——译者）。但唐朝对该地区的控制注定不能维持多久，原因是我上面提到过的高仙芝在小勃律留驻的唐朝军队存在着给养供应的困难。这方面的重要证据是公元749年吐火罗统治者就时局发给唐朝皇帝的书信，对此我已在别处详细地分析过了。

从汉文文献中可知，公元750年，高仙芝又一次率军远征，解除了来自吐蕃对勃律国和西面山区的压力。但是公元751年高仙芝被大食打败，唐朝在中亚的势力便一落千丈，被孤立于遥远的兴都库什山区中的前哨部队也未能坚持多年，便只得撤出。我们又知道，公元753年，高仙芝将军的后任对大勃律或巴尔蒂斯坦进行了一次远征。显而易见，如果没有吉尔吉特山谷的基地承担供应任务，这次远征是无法进行的。而据文献记载，直到公元755年时小勃律还派使团出使唐朝贡献财物。

从公元8世纪唐朝人对兴都库什地区失去兴趣起，有关亚辛及临近地区的历史记载便湮没了将近一千年。只有后来陆军上校比达尔夫和其他人收集的有关当地历史的口传材料，才给我们勾画出一部分清晰的历史轮廓。即公元17世纪末或18世纪早期，家族统治出现，首先开始于巴达克山，后传给了奇特拉尔统治者和原先在马斯图吉的胡希瓦克特统治者。胡希瓦克特的支族似乎也很快确立了他们在亚辛的权力。由于其许多成员具有超凡的作战能力和擅长计谋，整个吉尔吉特山谷似乎度过了艰难时期，在政治斗争中取得了暂时的优势，但以叛逆、谋杀、关系网和与奇特拉尔敌营相勾结等形式出现的斗争，一直延续到19世纪末，这里我们没必要讨论这些历史的纠葛。不管怎样，值得提到的是，正如我在别处曾经说过的那样，我们拥有把马斯图吉和亚辛的胡希瓦克特统治者与1749年中国人介入相联系的最早的确切记载。唐朝人或卡尔梅克人侵入的传统影响在亚辛仍保留着，但已经很模糊，无法确定其年代。

尽管马斯图吉上下的耶尔洪山谷寺实际上是胡希瓦克特族一支的原居地，但重要的是他们总偏好于把亚辛作为居住地，这完全是因为亚辛在地理位置和自然环境方面具有的优势。亚辛的主要山谷土地约有40英里宽，相对开阔，仅此就足以说明其重要性。这里没有陡峭的岩壁和嶙峋的山石，没有狭窄的隘路，而兴都库什山主脉南面的另一条大山谷中，谷地狭窄，耕地很少，交通困难。另外，因有源自冰川融水的亚辛河及其溪流，灌溉也并非难事。如果说现在还有大片土地未被开垦，其原因不应是缺水，而是缺少人口。同样，侧翼海拔在2 000英尺以上的高山山脉，不但保证了大量的水源，而且还保护亚辛免受来自南面以外的几面攻击。那里，正如关于高仙芝远征的材料所表明的那样，吉尔吉特河在每年的大部分时间里，不能涉水而过，特别是亚辛河河口的两岸极为陡峭，侧翼防守极其容易、稳固，因此它们是非常有效的防护屏障。

亚辛现有人口估计为500户，4 700人，在过去也曾经供养过比现在更多的人口，可说明这里的土地灌溉的规模较大，土壤较肥沃。德尔果德村到下面的亚辛主谷出口，面对着海拔7 000英尺和9 000多英尺的古比斯，仅此即可说明这里有着大量肥沃的冲积土壤。而且，山谷呈南北方向，所有的土地都可获得充足的阳光，寒季较短，气候对农业十分有利。但现在亚辛人口缺乏，其原因正如陆军上校比达尔夫所指出的那样，是因为长期的压迫和管理不当，从近两个世纪来胡希瓦克特的统治史来看，这一点是非常清楚的。

正如陆军上校比达尔夫所说，自从20世纪初以来亚辛统治者之间的战争，一直是该国人口减少的最主要因素。我们还应注意到另外一个原因，即地理的因素。我认为，亚辛统治者的好战行为很大程度上应从地理环境方面来解释。从地图就可看出，亚辛山谷的特殊位置使它能完全控制较高的地带，成为侵犯奇特拉尔和吉尔吉特河两个主谷的理想基地。另一方面，如上所述，亚辛无论在北面还是在南面，都很容易防守。而且，它位处偏僻之地，可以躲避地方部落和小王国的侵扰。只有当亚辛经德尔果德和巴鲁吉尔两山口连接印度河和阿姆河的直路，成为遥远但强盛的邻邦的重要目标时，亚辛才不再得益于偏僻位置的保护。吐蕃人和唐朝人都曾轮番地试图控制亚辛，同样在今天，两个亚洲大国间的政治局势仍以奇特而又相似的方式影响着偏远的亚辛[1]。亚辛的伯洛夏斯基语在人种学和语言学上的重要事实也反映了亚辛的遥远和偏僻。大多数亚辛人讲的是伯洛夏斯基语，当地称乌里希基语，语言方式完全不同于兴都库什地区的达尔德语，两者无任何已知的关系。这个语言名来源于称呼他们自己的乌里希之名，又用于乌尔希古姆或瓦尔希古姆的名称，由此可知只有当地人才知道亚辛这个名称。除亚辛外，只有罕萨和纳格尔现仍讲伯洛夏斯基语。从位置上看，它们的领地与亚辛相当，甚至因难以交通而受到了更好的保护。但大量的早期语言证据表明，这种奇怪的语言的应用范围要更向南扩展。其影响几乎在所有的达尔德语言中都可发现，甚至远离这些山谷的地方仍有伯洛夏斯基语（乌里希基）存在。

传统观点认为，伯洛夏斯基语现仅局限于兴都库什山主脉以南的最偏远的山谷，整个山区仅小部分人讲此语言，这表明由于讲达尔德语的雅利安人的入侵，原先讲伯洛夏斯基语的民族正逐步退却和收缩。支持该论点的有这样一个事实，即人们认为布里希或乌里希和雅西昆是同一种姓。而古比斯下方的普布亚尔的全

---

[1]　众所周知，从阿姆河上游和帕米尔经巴鲁吉尔山口通向印度河谷和喀布尔河谷的道路，具有重要的战略意义。1885 年以后，由于俄国的威胁，印度政府逐渐对亚辛和奇特拉尔进行了有效的控制。多格拉人尽管在连接吉尔吉特方面有一些麻烦，但对他们自己实际上的独立一直非常满意。

图18　亚辛胡达尔的一组库什瓦克特人和布里希人（前排坐着库什瓦克特的胡达尔拉贾及他的两个亲属，后排立着布里希农民）

部人口都是雅西昆，也是往下至吉尔吉特山谷和阿斯托尔以及达丽尔山谷的一股强有力的势力。从现在的体质特征方面来说，布里希或乌里希人，无论是耶尔洪还是那些山谷中的其他种姓，和讲达尔德语的一般人没有什么差别（图18）。但鉴于缺乏足够而又系统的人类学材料，该地区的语言和种族的划分目前还很难确定。

　　我以前做的亚辛地理特征的观察，主要针对主谷乌尔希古姆。但从整个近代史的政治上来说，吉尔吉特河最上游的科（或科赫）和吉泽尔的小块山地都属于亚辛，而且从它们的地理位置来考虑，早期肯定也是这样。这里需提一下有关它们的简要的参考资料。被陆军上校比达尔夫称为"科"而被最近的作者拼为"科赫"的这个地带，是个非常狭窄的山谷，吉尔吉特河从中流过，并在古比斯与亚辛河汇合。1900年测量时，此山谷的总长度为30英里，人口仅为1 200多人，这足以说明它的狭小。在南面它连接着属于此谷的一些小边谷，其中只有巴特勒斯伽赫谷里有几个小村庄。在巴特勒斯伽赫谷口上方数英里，一座堡垒所防卫着的一条非常狭窄的隘路，把科与吉泽尔分隔出来。向东长约9英里的更为困难的峡谷，是面向普布亚尔和吉尔吉特的边界。此峡谷易守难攻，是亚辛和吉尔吉特间的天然屏障，这就可以理解为什么科归入亚辛领地。

　　吉泽尔由欣杜尔湖紧西边的一条缓坡的鞍状地带（海拔12 250英尺）所形成，向上延伸至马斯图吉和奇特拉尔间的分水岭。此山谷的上部分，即从吉泽尔往上，地面十分开阔，人口两倍于科。但这个地区的重要性，仅在于道路容易行走，一方面连接着拉斯普尔和马斯图吉，另一方面还连接了亚辛和吉尔吉特。此路的设施可解释为什么马斯图吉和亚辛，尽管分别处于高达21 000英尺以上的一条大山脉的两边，但仍长时期地处于一个统治者的统治之下。也可帮助我们理解为什么在公元751年由悟空陪伴的从帕米尔经巴鲁吉尔的中国使团，要绕道经过马斯图吉、拉斯普尔和吉泽尔。正如我在别处所指出的那样，其原因可能是为了从亚辛一边最终到达乌仗那国。

第二节　穿过亚辛到德尔果德山口

离我的路线有一段距离的吉泽尔，现单独由胡希瓦克特血统的一个总督管理。从肖巴特山口到亚辛的路上，我只有在科可以看一些东西。8月23日从吉泽尔下来后，我们参观了这个地方，这里的痕迹清楚地表明以前曾是一条冰川。我们穿过陡峭的岩坡，爬上了名叫库特拉奥费拉奥的高山草场。第二天，我们到达了往下2公里的巴特勒斯伽赫谷的马玉拉伊。这是一块很平坦的地方，约0.5英里见方，海拔10 000英尺，以前曾耕种过。巴特勒斯伽赫谷看起来相对开阔，一条可用于负载牲畜的小道从山谷往东南方向攀上苏杰格利山口。从此山口可抵达达丽尔的尼雅楚特，法显和他的同行的中国僧侣们可能正是沿着这条路，前往达丽尔和印度河。我自己到亚辛的行程是，两天顺巴特勒斯伽赫谷向下至谷口，另一天从吉尔吉特河到古比斯，这段路最好走。但为了节省一天时间，我选择了一条捷径，据说它从伽珐伯杜向上通向一个山口，由此山口向北可直通古比斯谷地的最前部。

吉尔吉特河以南的山区还未被仔细地探察过，因此搬运工人不可能通过那里的关口，这是毫不奇怪的。我在这地区遇到的最糟糕的情况是，在到达海拔近16 000英尺的窄小谷口前，为了爬过像巨大的砾石堆这样的古冰川残留，我们足足花了8个小时。此地普遍缺乏冰川泥或其他软泥，表明印度河分水岭这边的干燥气候未能发挥剥蚀作用。在山口陡峭的北坡上，仍发现了冰原床，这是近期内发现的小冰川的最后遗迹。夜幕降临了，迫使我们在海拔15 000英尺的古冰碛中扎营。

第二天的行军任务是穿过一条陡峭而又变窄的山谷，下行到古比斯，重要的是在它的上部可观察到古代尾闾冰碛的间隔层，据此可说明不同地质时期冰川的推进情况。几块可用来放牧的倾斜的草地隔开了岩石滑坡，最低的滑坡在我们营地下方约9英里的地方还可遇到。在和从南向东下降的仍有活跃冰川的巴什卡伽赫支脉相交处的下方，山谷收缩成一条极窄的岩壁对峙的峡谷。这些底部有清晰的冰川擦痕的悬崖，高出峡谷小河达3 000英尺，人们称之为乌帕约特，在希纳语中意为"比飞鸟还高"，说明一些地方传说与喀布尔北兴都库什山主脉的帕鲁帕尼苏斯古名来源的记载相似。古比斯附近的主谷上方，有一条非常险峻的山梁，名叫伊西盖尔巴，在古代是一个常用的自然庇护场所。

8月24日我们是在古比斯村度过的，这是我们离开克什米尔以后的第一个休息日。我们充分利用了这一天，做了许多方面的工作，其中观看了皇家军队用于控制古比斯堡城堡的小堡垒，它有效地戍卫了河对岸开阔的亚辛谷谷口以及通向马斯图吉和奇特拉尔的道路。该地至今仍具有明显的战略意义，这对我们理解它在古代史上的重要性很有帮助。如前所述，可以肯定，娑夷河（即吉尔吉特河）上桥梁的拆除，在高仙芝成功地阻挡吐蕃军队的行动中发挥了决定性的作用。该桥的位置在今古比斯村的附近。但鉴于此地河床较宽，而且每年大部分时间内水量较大，以及该地区所拥有的材料，似乎在没有现代工程技术的古代，除藤桥外，不太可能建筑其他类型的桥梁。

正如在克什米尔和兴都库什山脉之间的桥那样，老式藤桥是用拧在一起的细枝条建成的。在1895年前古比斯确有这种桥，也许是汉文献《唐书·高仙芝传》中提到过的藤桥的那种桥。确实，对于汉文献中提到的吐蕃骑兵部队中的马匹或者更确切的矮种马来说，藤桥是不实用的。但像现代一样，这些牲畜可以在别的什么地方游过河，同样也不能排除在亚辛河和吉泽尔河交汇处的某地点有更实用的桥的可能性（图19）。要前往亚辛，只有通过后者才能过去。在古比斯城堡上面4英里的地方，有一座摇摇摆摆的杨木桥，横跨于吉尔吉特河的支流吉泽尔河上，尽管它有被夏季洪水冲走的可能性，但仍维持到了最近几年。

8月25日，我轻松地走了13英里，从古比斯来到了这条山谷主要部分的亚辛。尽管山谷两边的岩壁陡峭而又高耸，但给人留下更深刻印象的是开阔的谷底。津达尔村下方有许多废弃的耕地，它们是亚辛历史变迁的见证。我发现从巴达克山来的移民现正在重新利用其中的一些废耕地。他们的仪态和引进的服装之类的许

图19　古比斯上方，亚辛河和吉泽尔河的交汇处

多东西一起，表现出了阿姆河附近地区的特征，体现出了其文明
对兴都库什分水岭以远地区所施加的影响。

　　作为建于肥沃土地之上的该地区最大的村庄，亚辛拥有丰产
的田地、果园，它们在纳斯巴尔谷口下沿河右岸伸展约4英里长
（图20）。我们在亚辛停留了一天，拜访了亚辛的前任统治者罗阁

夏希德·乌尔·阿贾姆。他住在陈旧的城堡里，城堡在世代纷争的流血中曾庇护过他的胡希瓦克特祖先。在摇摇欲坠的厅堂里的大量木雕，准确无误地表明波斯建筑装饰占据了主导地位，很明显，这些木雕的图案样式来自遥远的巴达克山。同样重要的是，由来已久的封建忠心，把亚辛人民和两个世纪以来直到最近几年还不正当地统治着他们的种族相连结在一起。

图20 在楚玛尔汗下望亚辛山谷

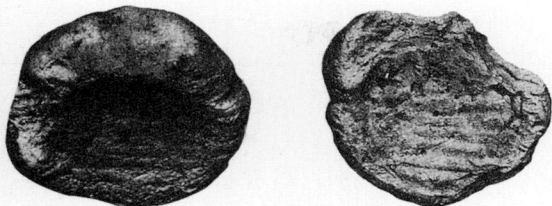

图21 泥印章

从纳斯巴尔戈尔出口不远的疗养院，我继续前进在弃而复耕的土地上，去调查西南面的一个地方。据说那里有一些古遗址已被牧羊人挖开。我们在山丘的石头遍布的山麓发现了一些带墙的台基，在台基上有用粗石和鹅卵石筑成的一座圆形废丘，有可能是塌毁的塔的最后遗物。此丘已被盗挖，几乎已夷为平地。但我们在其北边的垃圾中，仔细寻找，发现了8枚型式相同的泥印章（图21），其中保存状况最好的印上有浮雕，图案为5座带伞盖的塔，其周围有佛教缘起法颂或三谛之谒文，用吐蕃纳伽立（即天城体——译者）晚期字体写成。这些泥印是被盗供物的一部分，与印度和中亚大量佛教寺院遗址发现的泥印相似。

紧靠亚辛和纳斯巴尔山谷入口北面的右岸，伸展着一座几乎水平的名叫达斯克赫德托斯的高原。据当地说法，它曾被开垦过，有一条引于纳斯巴尔戈尔河的水渠通过于此。这一高原的西南缘，

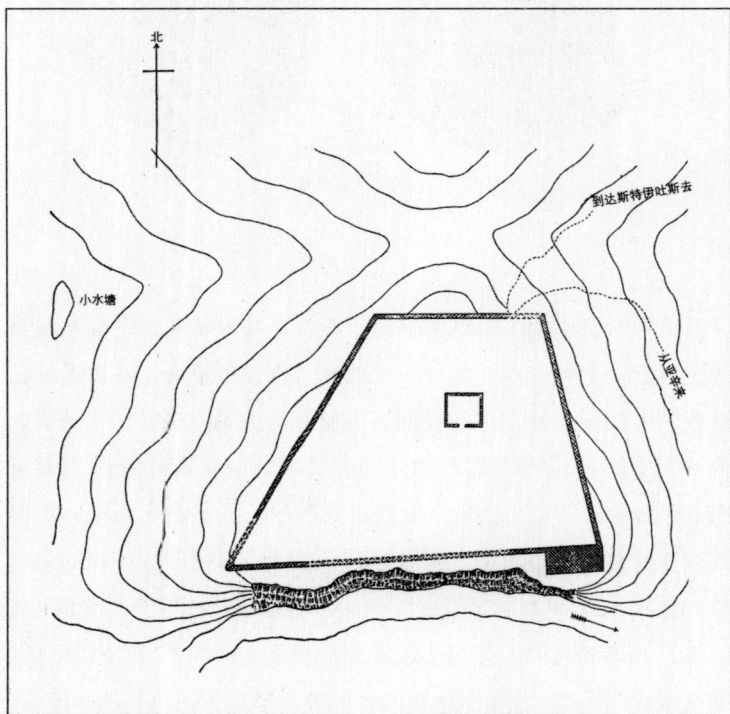

北

到达斯特伊吐斯去

从亚尔来

小水塘

图22　楚玛尔汗古堡遗址平面图

靠纳斯巴尔戈尔河床的陡峭的砾岩悬崖，有一个名叫楚玛尔汗的古堡遗址，残墙还竖立着。正如平面图（图22）所示，它是一座不规则四边形的堡垒，筑于河上方的悬崖顶部，在它的中央还有一个内径18英尺×20英尺的要塞堡垒式的建筑。其墙高均不超过5英尺、厚度达3英尺，用含盐的石块筑成，但石块中间插有大的卵石片。它保护着纳斯巴尔戈尔山谷通向达斯克赫德托斯高原的通道，此通道无疑要通过古堡北面下一条狭窄的鞍状坡。这些墙壁的破坏程度表明它们十分古老，流行的说法是此堡与达斯克赫德托斯的开垦时间同时。

8月27日，我们重新开始向主谷的旅程。我沿着这片现已完全裸露的旷野骑行，看到几处地方都有引自纳斯巴尔戈尔河侧的一条古沟渠的痕迹，其路线完全不同于更北面的保存得更好的引自吐伊河的一条小沟渠。在19世纪初，亚辛和吉尔吉特的一个胡希瓦克特统治者苏来曼沙，曾经努力地通过后一条沟渠，把水又一次引到了达斯克赫德托斯。据说这次开垦活动随着强盛但施行暴政的王子统治的结束而告终。达斯克赫德托斯的使用时间更早，这一点被坐落在亚辛北端上方2英里左岸古贾尔提村对面的一个大型围墙遗址所证明（图23）。据说它与一场卡尔梅克人的入侵有关，这种说法与我以前讨论的18世纪宁叶有关库西阿马德统治的汉文记载相一致。围墙用下面河床里的大冲石筑成，形状呈不规则的五边形。大的居住区遗存位近院内中央，破坏更严重。除了古堡内的黑色硬陶片，我没有找到长期居住的痕迹。但毫无疑问，

图23　达斯克赫德托斯，巴赫里汗的围墙遗存，远处为亚辛山谷的谷首

如果修复这条沟渠，或者甚至苏来曼沙沟渠完工，亚辛谷地内的可耕地数量及依赖于它的人口将大大增加。

我们沿着苏来曼沙沟渠继续向山谷进发，走了近4英里，越过了从吐伊山谷流下的一条大河的河口。这是一条重要的夏季路线，沿着这一条路线，可通过耶尔洪山谷，翻越高高的吐伊山口，

图24　在亚辛的巴尔库勒迪，哈基姆大人住处的外院

到达马斯图吉这一边。在交汇点以后，由此地点向上的主谷，名叫瓦尔希古姆，给一系列美丽如画的村庄提供了足够的空间，使其拥有肥沃的土地和果园。这些村庄几乎不间断地向上延伸到了洪杜尔，总称萨勒伽姆，现在是亚辛人口最密集的地带。在经过以哈伊瓦尔德的谋杀者、帕赫东·瓦利父亲米尔·瓦利的名字命名

的大堡垒时，我在巴尔库勒迪参观了当地哈基姆（即伊斯兰教国家的地方长官、法官、大学者、医生等——译者）精美而又被人遗忘的房屋（图24）。其大厅里丰富而精美的木雕及其风格，使我回忆起我在马斯图吉一边的米拉格拉姆所看到的哈基姆奥拜杜拉赫的房子里的木雕。遗憾的是，那天天太晚了，在房内已不能照相。该房子据说建于五代人以前。在我们停留过夜的洪杜尔照的一张照片（图18），也许可表明，尽管伯洛夏斯基语与达尔德语和伊朗语有着明显的差别，但从他们的外貌看，我所遇到的布里希人却几乎都具有纯粹的阿尔卑斯人种的体质特征。

因为山谷北面狭窄，洪杜尔的耕地时断时续。尽管两边均竖着奇异的岩壁，但谷底直到德尔果德村的近12英里路程非常好走。这里，海拔900多英尺的谷口向外扩展成一块巨大的半圆形台地，宽阔而又平坦，上为草地和丛林，其两翼是巨大的覆冰山梁。冰川融水形成的小溪注满了这些山嘴之间的边谷，直到近德尔果德时才形成了亚辛河。在其交汇点附近延伸的平地上，有着大量的牧草和燃料，给来自北方的入侵者提供了一个天然的休息场所，例如高仙芝就成功地由此通过德尔果德山口。给我留下深刻印象的是，作为阿姆河山谷最上游附近的一个象征，德尔果德的一个头领竟是一名来自瓦罕的移民，他的阿依旺（客厅——译者）里的大量木雕装饰具有典型的波斯风格。下面描述的是从同一座德尔果德房屋里获得的一块木雕。图25是一块木雕牌，一端有把手。正面的图案上下做三次重复，组成了四组长尖叶子，都对着中心的四瓣花。四组图案之间用缠枝花连接。背景和图案用方形带尖的工具，用 V 字形雕法雕刻。反面是用黑墨勾画的相似的花纹图案。黑色，直纹木，保存较好。

往北走 3 英里，穿过一条古代冰川盆底的卵石散布的平地，我们来到了狭窄的峡谷入口处。从此，邻近德尔果德山口的冰川小河切开横向的山梁奔流而下。这条道路通过的山脊，名叫达尔班德，其名来源于一座堡垒的旧堤防。正是在海拔 10 000 英尺山脊的顶部，可首先看到南面海拔 15 380 英尺的冰雪覆盖的洼地——德尔果德山口。在山口的东面和西面，冰川规模比山口下面的冰川要大得多，从山口一直向下达到 2 000 英尺上方的高度。河流附近蒸发的大量水汽使得这些冰雪覆盖的山坡拥有良好的植被。因此，当我发现除了牧草和大量的桦树，德尔果德人开垦的梯田延伸到了海拔 11 000 英尺的高度时，我丝毫不感到惊奇。我们继续行进，经

图 25　木雕牌

过了伽库西，爬上了宽阔而又陡峭的山梁，这里有路通向山口。我们直到海拔约12 300英尺的一小块平坦的名叫哈木巴的地方，才扎营休息。惊人的高山植物景观向南延伸，与我七年前攀登此山口北边时所看到的大片冰雪岩石荒地形成强烈的反差，使我印象极深。

参观高仙芝创下丰功伟绩的地方的长久愿望，使我不管季节较早还是天气恶劣，或是异常的冬季降雪等困难，都驱使我去参观德尔果德山口。当然，对我来说，翻越此山口本身就是一次特别的经历。借助夏末季节的有利条件以及充足的交通运输安排，我们在8月29日翻越了德尔果德山口。德尔果德冰川所表现出来严酷的自然障碍的特性给我留下了深刻的印象。我甚至认为，公元747年唐朝将军率领的一支相对较大的军队，穿越整个广阔的帕米尔进行远征，从某种程度来说，理应和哈尼拔或拿破仑这些伟大领袖的赫赫军功列在一起。我在别处已详细地讨论了这一功绩，并说明德尔果德山口的地貌特征与《唐书·高仙芝传》中的有关记载非常一致，因而我在此仅记录我对这个山口的一些最新观察，以此也可以对我以前的描述作一补充。

在我们哈木巴营地上方，有一条沿裸露陡峭的岩坡而上的小道，没有冰雪，很适合驮载的牲畜行走。约1英里后，在海拔13 100英尺的地方，小道经过我在亚辛首次听说的刻划巨砾（图26）。它卧于小道上方几码远的地方，为黑麻粒花岗岩，其表面已几乎呈黑色，顶部平坦，倾斜约45°。岩石中间阴刻0.2英寸深，图案明显是塔的轮廓，右边是5行吐蕃文字，多数行由两字组成，年代与塔相同。所有阴刻线条呈棕色。同时，在石头中间及塔的左边，有一些浅刻的阿拉伯文。其淡淡的颜色使它们可以很容易地被辨认出来，其刻画颜色的不同以及它们刻于石面中央并穿过塔面，表明它们的刻画年代无疑要晚得多。除了这些，在塔顶和

图26 攀登德尔果德山口途中，刻有佛塔及吐蕃文的巨砾

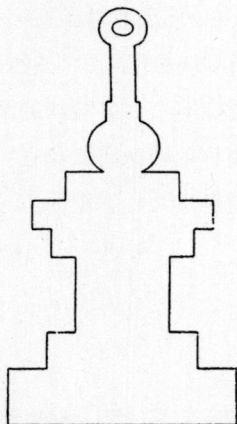

图27 雕刻在岩
石上的佛塔示意图

吐蕃文刻画之间还有一匹马和骑坐者的轮廓线，其线条的颜色与前者相似。塔座紧下面有表面剥落的现象，但仍保留着一朵花或水果样的图案，也属于早期。粗刻的带角动物，明显是山羊，它们的位置在石头左边即阿拉伯文刻文之间，暴露在风蚀下的时间似乎比后者要长。

塔的图案（图27）非常奇怪，除了顶上倒置的球，顶上另有伞盖，特点明显。两级底座及上面高起的部分，使人想起《西域考古图记》中表现的马斯图吉的察仑巨砾上刻画的三层底座的塔形。但塔身和倒置的球之间的十字形结构，与察仑和帕克托里迪尼的岩刻塔形有一点相似，后两者在塔的圆顶下相应的位置上有十字形结构。同样奇怪的是一个倒置的球替代了塔的半圆形顶，虽然早期佛教传统倾向于承认这种圆形顶象征性地表示佛陀的钵或托钵碗。伞盖的底座，可与同一地点的帕克托里迪尼岩刻所刻画的同样粗糙的图形进行合适的比较。顶部的伞形物刻画得很糟，仅仅是为了有那么一点意思。

我曾把岩刻的照片，以及仔细临摹的吐蕃文刻文一起交给弗兰克博士。他热情地帮助我，在1921年9月15日给我写了一封信，信中还附有一份注释。根据注释，这些刻文提到了一个名叫利尔尼多尔的人，以及名为rMe-'r的他的家族，他们可能是当地人，是一座塔的施主。弗兰克博士认为，个人名字放在所有格中的事实可认为是早期刻写的标志，这一点与字体的写法原始相一致，用他的话说，"表明了八九世纪时吐蕃文字的符号特征"。从两者的相对位置来看，塔如果不早于吐蕃文题刻，则应与之同时。弗兰克博士在前面提到的拉达克岩画中塔的奇怪的十字形状的断代标志，有着特殊的考古学意义。

由今上溯，当地传说中并没有说起吐蕃人在亚辛建立过他们的统治或佛教信仰。但弗兰克的注释中说明，有一篇吐蕃文提到过公元8世纪时吐蕃统治者曾征服并统治过吉尔吉特地区，这一点十分重要。根据这一附带性的证据，人们便会把德尔果德的佛教岩刻与吐蕃人在阿姆河最上游的推进相联系起来。据《新唐书》记载，公元8世纪50年代末，高仙芝的远征成功地阻止了吐蕃人在阿姆河最上游地区的推进。

图28 流至德尔果德山口西北的冰海上及其西延部分（在海拔13 500英尺的北坡冰碛上向上望）

风蚀的不同表明，阿拉伯文刻文比吐蕃文刻文要晚得多，它们由什叶派祈祷语组成，横贯塔的十字形部分的是"啊，真主！啊，阿里！佑助我吧！"其下的句子是"啊，穆罕默德；啊，穆罕默德；啊，阿里！"塔的左边为竖写的句子，我们念作"科瓦尔国

王，胡希瓦克特沙"，左上角是"啊，阿里！请帮助马尔丹国王"。最后，在塔底的是瘦长的刻文"穆拉德·贝格所说"。刻文中提到的人名（应指莫拉德伯克——译者）现无法确定身份，但是胡希瓦克特的名字似乎不仅仅指公元8世纪初以来统治亚辛和马斯图吉

的该家族的奠基者，而且还至少指他后裔中的两个。

我们沿该地点正上方的小道，来到了山口下多罅隙的冰川的东边，爬过海拔近 1 400 英尺的石堆以后，我们越过了冰川。为避开裂缝，我们的路线弯弯曲曲。再往前，路线沿着雪盖的石堆，经过陡峭的悬崖和雪崩的斜坡，直到海拔 14 600 英尺时才到了易走的雪床上，其两翼为冰川的顶部。最后，在 4 个小时的连续爬行后，我们到达了山口的顶部，这里的雪原宽阔、平缓。我们用水银气压计做了测量，显示海拔为 15 250 英尺，这与边境地图标明的高度（15 380 英尺）非常接近。

与我 1906 年 5 月 17 日攀登时一样，我在"个人报告"中曾对这个大雪原作过详细的描述，因此这里没有必要再重复说明这个非凡的山口的地貌详情。我在这里要充分提到的是，尽管云雪很快遮挡了我向南看的视线，但与这边形成对比的那一边的陡峭的冰川，给我留下了深刻的印象。这些冰川受制于陡峭的山嘴之间，主要是茫茫的雪峰和永不化冻的流向耶尔洪峡谷的冰川缓坡（图28）。在此，我们很容易地再一次体会到当唐朝将军高仙芝的军队爬上这一高度，发现他们面前的坡度是多么陡峭时，会有一种魂飞魄散的感觉。正是高仙芝将军的大智大勇，那次远征获得了成功。

第三节　从耶尔洪河的源头到塔克敦巴什帕米尔

在德尔果德山口顶部，我遇到了斯特林上尉，当时他任奇特拉尔侦察兵指挥及奇特拉尔助理政务代理。这个年轻的官员，是个老练的登山者，他带来的吃苦耐劳的马斯图吉脚夫最受人欢迎。但是他给我们提供的信息很少，只是告知从德尔果德到耶尔洪谷的两条冰川道的东北段，在过去的三年中，已被形成于冰川麓的、难以移动的冰后隙所堵塞。在《西域考古图记》中，我在讨论高仙芝翻越德尔果德山口时，曾特别提到重要的山貌，即在山口顶部的大雪原上向北流下两条单独的冰川，它们充塞了两条呈直角状分岔的山谷。我也说明了认为高仙芝走的是东北方的冰川的理由，该冰川从卡契尔山谷流下，终于耶尔洪河最上游的肖瓦尔舒尔牧场上方。

这条道路，比较方便地连接着下夏威塔赫山口，并可穿越巴鲁吉尔鞍状山东边的阿姆河分水岭。据可靠消息，这条道路是上述冰川变化前两条道路中比较易走的一条，因此来往于亚辛和瓦罕间的商人常选走此道。这条道路也可用于驮载交通，这一点可以由1895年帕米尔边疆委员会顺着这条道路往返的事例所证明，尽管他们所驱赶的600匹马中损失了一些。后来，根据在肖瓦尔舒尔从瓦罕畜收业者那里得知的消息，我得出的结论是，最近冰川顺岩壁推进至卡契尔峡谷的狭窄的谷口附近，完全堵塞了从德尔果德来的东北道路。因而我不得不从西北冰川往下走，而这条路对我来说，早在1906年考察中就已熟识。尽管季节较晚该路已无雪崩的危险，但裂隙和巨大的石堆（图28）不适合驮载的牲畜通过。因此在经过维丁古堡上方的老营地后，我们力图在天黑时赶到巴鲁吉尔鞍形山下的契克玛尔罗伯特牧场。

在到达耶尔洪河源头后，这条通向中国边境道路便容易走了，它通过巴鲁吉尔，到达阿姆河河边的萨尔哈德，然后从喷赤河上游通过阿富汗帕米尔。1906年时我曾走过这条路线。但走这条道路需得到阿富汗的埃米尔陛下的特许，同时也与我希望考察新地方的愿望有所冲突，唯一的选择是走一条平行道路，即从罕萨最西边穿过耶尔洪和格拉姆巴尔两河的源头，然后翻越格拉姆巴尔东面高高的分水岭。

这是一条非常艰难的道路，因此我在此更应该向斯特林上尉所做的交通方面的安排表示衷心的感谢。他本人作为一位热心的登山者，进行了四天艰苦的攀登、行军，享受了苦中之乐。后来，他在法兰西和美索不达尼亚工作了三年，为国家献出了自己的生命，再也不能从事他所渴求的探险了。在此我要满怀哀思地表达我对这一著名的前线军团的官员给予我的各种友好的帮助的感激。

我们在耶尔洪和格拉姆巴尔两河源头冰川进行了两天的长途跋涉，这里由于地理等方面的原因，从来没有发生过重要的历史事件。格拉姆巴尔鞍形山两边的主要山谷的12 000~14 000英尺的海拔高度，排除了耕种的可能。紧靠大量的大冰川（从地图上看），其中从东南的肖瓦尔舒尔下来的最大，直线延伸的距离达22英里，这块高地上的气候条件比帕米尔同样高度上的气候条件恶劣得多。更进一步的是，尽管萨尔哈德这边和瓦罕最上部的道路较易走，但包含这些源头的地区是一条死胡同。从罕萨起，一条很高的冰雪覆盖的山脉便把道路分隔开来，交通只有通过海拔17 500多英尺的其林吉山口，人只有在夏季的几个月内才能步行翻越。我曾经走过，对此极端困难的路线有着深刻的印象。

在春季和夏季，从格拉姆巴尔或阿什库曼山谷往南，无路可行。那时，其林吉冰川下面的极端狭窄的峡谷完全被河水所充满。两边的岩壁极为峻峭，只有没有负重的攀岩能手才能通过。甚至在冬季，由山谷下通伽库契的吉尔吉特河的小道也是极为困难的。在交通的季节里，越过北面的山口到达瓦罕的道路也被冰雪阻塞。只有在早春和秋季的几个星期中才有可能沿着通向格拉姆巴尔山谷的道路前往北方，并翻越霍拉伯赫尔特山口（约15 000英尺）到达阿富汗帕米尔。只有在那时道路才容易走。

我在格拉姆巴尔鞍形山两边的高山谷工作的目的，除了做重要的人种学观察，还为了观察这里的地貌特征。这里有许多伸展的夏季牧场，西边从巴罗吉尔草原直到鞍形山附近，东边至隋耶基的下面，总距离达30多英里。我发现这些牧场均由瓦罕人所占据，他们每年从喷赤河旁的阿富汗领土随牧群来到这里。这些瓦罕人在这里的几处规模较大的夏季村庄或亚依拉克（意为草原——

图29　格拉姆巴尔山口，望南方和西南方（左边是哺育朱萨尔湖的格拉姆巴尔冰川的东支，中间是流入耶尔洪河的格拉姆巴尔主冰川，右边是俯瞰耶尔洪河源头的山脉）

译者）里要住上四五个月，他们也耕种萨尔哈德的土地。这些古代村落，清楚地反映了北面阿姆河——印度河分水岭形成的自然界线，而印度和阿富汗之间政治边界也是同一条分界线。从人种学的角度考虑，耶尔洪和格拉姆巴尔两河源头间的各山谷的居民应是瓦罕人的一部分。我要附带说明的是，我们所遇见的瓦罕人自

觉的态度充分反映了这种事实。此外，我们这里还有在欧洲高山地区和其他地区进行的考察所获得的一些例证，因此相对于邻近高山山脉的顶脊线而言，难行的河流峡谷更可能是重要的人种学和军事的分界线。

　　8月30日，经过长途行军，我们从巴鲁吉尔鞍形山脚来到了格拉姆巴尔山口附近的慕尔伽契。此山口通往的地方具有明显的帕米尔特征，路也非常好走。从契克玛尔罗伯特到我们走上肖瓦尔舒尔—夏维塔赫道路，可见到大量的前冰川活动痕迹（石堆和冰围地）。重要的是，在两地间有一座瓦罕人建的旧望楼，被用来监视黠戛斯（《魏略》称坚昆，《新唐书》为黠戛斯，《元史》为吉利吉斯、乞力吉思等，即我国的柯尔克孜族和中亚的吉尔吉斯人——译者）的入侵。黠戛斯人过去常常越过霍拉伯赫尔特和格拉姆巴尔山口，从小帕米尔一侧侵扰这些牧地。

次日早晨，登上格拉姆巴尔山口后，我仔细地考察了山口南面冰川分岔的有趣现象。冰川几乎横跨此山口，一部分流向喀布尔河的支流耶尔洪河，另一部分排入了格拉姆巴尔河源头的朱萨尔湖，然后注入印度河。全景照片（图29）显示了南面及山口两侧的地貌。后者被古代冰川石堆间的一座几乎不能看出的分水岭所隔开。我们的气压计表明这里的海拔近14 420英尺。冰川的东支冰面减低很多，明显处于衰退过程之中，但流出的小溪仍哺育着格拉姆巴尔河源头的湖泊。有意义的是，此湖位于印度政治边境之内，瓦罕人从突厥的"阿克库勒"即"白湖"的名称中熟知此湖。我们可以清楚地看出此湖比地图所标的湖面大得多，其原因是其东端的一条大冰川曾把石堆从南面径直推过山谷。

距此山口约8英里，有隋耶基的最后几块牧草地，其下为收缩的山谷。后面，小道经过南面一块大冰川的前部，紧靠岩坡堆积着冰块，堵塞的河水被迫取道其下方的一个大山洞。据说河床那边冰川的推进发生在两年之前。再往下走约2英里，河床同样宽阔，但被南面下来的一条更大的冰川完全阻塞住，因此不得不横越1.5英里的距离。右岸的斜坡上散布着卵石，行路非常困难，需要特别小心，以至于我们到达名叫苏克塔罗伯特的丛林覆盖的小地方时，天已经黑了很久，于是我们在一个平常的地方宿营，对面有道路通向霍拉伯赫尔特山口，其名称，瓦罕人发音为霍拉乌尔希特（Khora-vursht）。

如果翻越此山口而进入北面的在布扎伊拱拜孜以下注入喷赤河的鲁帕苏克河谷，我们就可以翻越伊尔沙德山口抵达罕萨领地，也就可以免登一段非常难走的山区道路，还可节省一天的行军时间。伊尔沙德山口的重要性如同通往查帕尔散山谷上部的其林吉山口。这两个山口，海拔分别为15 000英尺和16 000英尺，冰川清纯，在夏季和早秋负载牲畜可以通过，当然人步行通过的时间就更长了。然而，没有埃米尔的允许，印度政府的公务员是不能走这条穿过阿富汗领土最东端的高山道路的。同过去一样，在9月1日往下前往格拉姆巴尔河时，我发现在其林吉大冰川前部注入河谷的地方，有一队吃苦耐劳的瓦罕脚夫正等待着我们，我因此感到十分高兴。要是他们不能按照吉尔吉特办事处安排的那样，及时地从下面瓦罕难民的小村里赶到，我们向前行进便不可能了。沿着冰川北缘（图30）攀登约4英里后，我们登上了厚厚的覆盖着杜松树和另一些矮树的老冰川的石堆群。当天晚上我们在海拔约12 500英尺的地方扎营。

图30　在营地望东方和东南方，其林吉冰川上部的全景

　　9月2日，攀登其林吉山口，山路非常难走。整个8月都是下雪天气，使得冰川东北的雪坡非常陡峭，爬行极为艰难。在攀登最后2 000多英尺狭窄的峡谷时，我们随时面临着山崩的危险。而

且，在漫长的年代里，无人翻越过此山口，这更增加了发生意外灾祸的可能性。陪同我们的瓦罕人中，只有一个老人曾翻越过此山口。我们艰难地爬行了8个小时，大部分时间是在深厚的积雪

中行走。全队共40人终于安全地抵达山口，气压测试显示海拔为17 520英尺。山口展示出注入查帕尔散河谷上部的大冰川，冰雪覆盖的山脉组成了北向喷赤河源头和塔格敦巴什帕米尔的分水岭，其景致宏伟广阔。但是冰冷的风强劲地吹着这暴露的山岭，迫使我们放弃进行短暂休息的念头，便匆匆与一直坚持要同我们一起跋涉到这里的斯特林上尉道别。

幸运的是在东面攀登较容易。因为冰川上方巨大的冰原斜坡较为缓和，所以在软雪上行走3英里后，我们顺利地抵达了冰川，发现大多数缝隙充分地填充着新雪。再往下，我们沿着北侧的石堆线行走。5个小时后，我们发现了一处在其庇护下的干地，可以安全地扎营。这里海拔为15 000多英尺。那天晚上，寒风刺骨，我甚为担心因驮运物品而落在后面的一些瓦罕脚夫。尽管我在第二次考察之末由于冻疮失去了脚趾，血液循环被破坏，但我发现双脚仍能在高海拔地区的冰雪中行走13个小时，并对此感到非常满意。

早晨，我们又在陡峭的山坡上攀登了4英里，终于翻过了冰川的前部。当进入下面的山谷，我在伯阿塔高牧场上见到来自罕萨的新运输工具正等待我们时，感到十分高兴。在几个星期之前，罕萨的瓦齐尔胡马雍·贝格（我们在1900年时就非常熟识）就把这些都布置好了，从而确保了我们以后的快速行进。从伯阿塔开始的2英里比较容易攀登，随即我们来到从南边高山下来的往东注入主谷的冰河。在这里，有道路经过西北狭窄的边谷，通往前述的伊尔沙德山口。我们沿着库兹冰川边缘走了4英里，来到了现

图31　查帕尔散的巴巴贡迪墓地

正如宽的谷底冰川的前部，这里的海拔为12 000英尺。再往远处，可见到在雅尔兹的冲积扇上有一些废弃的田地和棚屋，这是我所看到的第一批古居址，体现出查帕尔散山谷很多地点具有的典型特征。我们在巴巴贡迪休息，这里的海拔为11 600英尺，没有常久的居所，但有一些燕麦地（此地在罕萨的米尔的父亲在世时，就被复耕过）。据说后面4英里的地方，有一处在罕萨地区最为有名的圣墓（图31）。

9月4日，前往斯潘德林吉的行程虽然漫长但很轻松。我看到了查帕尔散山谷的大部分，并认识了它的奇异特点。其北面和南面的山脉很高，山峰高达22 000多英尺，都未被很好地考察过。山谷底部比罕萨其他部分更开阔平坦。尽管两者之间的路程为25英里，但斯潘德林吉仅比巴巴贡迪低约1 600英尺，这一点足以说明其坡度的平缓。尽管南面的冰川曾把大石堆推进山谷，但查帕尔散山谷仍保留有比罕萨其他所有地方加起来都要大的一块既平坦而又易于灌溉的土地，因此在此提及我们经过的在巴巴贡迪和斯潘德林吉之间被废弃的广阔耕种区，具有特别的地理学意义。现有的天气条件以及缺乏灌溉用水，看来都不足以解释它被废弃的原因。确实，在伊什库克大冰川出口下方有一块耕地，依当地说法，它被因洪水水道变化而带下的冰川碎岩所破坏。但这一因素在其他地方并不存在，也不能据以说明一条山谷被废弃的原因，因为在瓦罕的相应地方曾发现被使用过的土地。这一条山谷也许曾供养过若干个人口较多的村庄。瓦罕定居者在此重新居住是最近的事，虽然这一趋势仍在继续但很缓慢。目前此山谷的人家也许不超过30户（图32）。

这种环境的变化，与我对上面耶尔洪山谷古代耕地的观察相符合，它可能是休伊斯特，亦即唐代编年史提到的俱位都城阿赊颺师多。该地可能拥有古文物，因为我在别处曾提到，高仙芝从

图32　罕萨查帕尔散的瓦罕居民

小勃律返回喷赤河上游的路线有可能通过罕萨。如果此假设属实，就可以在总的地貌的基础上得出这样的结论，即中国指挥者曾取道查帕尔散山谷，并翻越了伊尔沙德山口，理由是它是罕萨和瓦罕之间最短捷的路线。除了比通过基利克和瓦赫吉尔两山口的道路缩短18英里，这条道路只需翻越一条单独的分水岭，它在喷赤河源以及塔格敦巴什河之间的一段路程并不比瓦赫吉尔山口高。支持上述分析的还有另外一些辅助材料，即查帕尔散山谷较为开阔，资源也较丰富。

有趣的是，以前的居住遗迹也反映在有些特定地点的当地传说之中。在经过巴巴贡迪村下面的几处废弃的耕地后，我看到在伊什库克冰川造成的一个巨大的石堆的西边，有一块冰围地，那里曾经有过一个小湖，传说这是九头怪物的居住地。其特征与别人给我描述的那格（龙——译者）相近，据说它每天要吃一个人和7只羊，因此居住在这部分山谷的居民都逃走了。怪物的吞食人、羊的破坏行为归因于巴巴贡迪村崇拜的伟大的山谷圣人伊玛目·穆罕默德·巴基尔。伊什库克冰川河口的整个冲积扇，曾被开垦过，但只有在它的东缘我才见到重新居住的迹象，也就是前几年在佐塔克洪古遗地上居住的3户人家。另一处以前曾开垦过的广阔地区，名叫卡姆皮尔迪沃尔，位于下方3英里处，距锡本吉几所房屋上方不远。据当地传说，除了一名老妇人（瓦罕的卡姆皮尔），村民中无人愿把食物供给圣人巴巴贡迪，因此圣人愤怒地把整个村庄压在石头和碎岩下，仅有这位老妇人得以幸存下来。

锡本吉拥有大量的可耕地，但只有7户人家居住在那里。其下约1英里，有一块名叫洛希蒂格的大石头，上面的自然斑纹极似帕杜卡（圣人的脚印——译者），它们现被尊为巴巴贡迪的足迹。很明显，这是前伊斯兰时期地方崇拜延续的一个例子。往下3英里，是名叫利希特的堡垒村（图33），有10多座房屋，是查帕尔散

图33　查帕尔散山谷，筑有堡垒的利希特村

最重要的地方。它的城堡围绕的奇异形状使人想起不太遥远的年代。那时，罕萨最北的山谷仍暴露在来自北方的柯尔克孜人的武力威胁之下。从这一地点，道路下通8英里远的斯潘德林吉，其间，我注意到了大量的被废弃的耕地遗迹，其中包括一条沿着河右岸的肥沃的冲积扇的老水渠。

9月5日，我们从丛林为界的、被用作一块牧场的斯潘德林吉遗址出发，翻越海拔13 600英尺的柯尔敏山口，进入了德尔迪山谷。从此往下，我们在密斯伽尔村以上5英里的名叫托普哈那（意为炮台——译者）的古堡，走上了通向罕萨主谷的著名道路，在此我发现该地正是1900年我首次前往帕米尔—中国边境时参观过的地方。那天夜幕降临后很久，我们才抵达穆尔库希的老营地，帕米尔的道路在此分岔。在此我见到了第一扫雷和布雷工兵部队的勘测员穆罕默德·亚库卜和奈克·夏姆苏丁。他们和我们沉重的行李一起，取道经过吉尔吉特和罕萨的路线，安全地抵达了这里。

尽管1900年时我翻越过的基里克山口，除了积雪的几个月非常好走，但我为了考察一些新的地方，选择了通过明铁盖山口的道路。此路沿着大规模的冰川石堆向上延伸，人们可看到南面锯齿形山峰的奇丽景观。由于此路也非常著名，所以这里没必要细述我们的攀登活动。9月7日中午，我们重新联合的队伍来到了山口顶部，然后走向中国的新疆边界。我们的气压计表明，明铁盖山口海拔为15 650英尺。在后面开敞的具有真正的帕米尔特点的高山谷中，我发现自己又回到了前两次考察中就已熟悉的地方。与这次把我们带到中国最西的角落的小道相比较，我感到那时选择的道路是多么的好走！自从我离开克什米尔山谷，整整5个星期已经过去了。在这段艰苦的旅行中，我们只停留了两天时间，翻越了高度在10 000和17 500英尺之间的15个山口，行程加起来约有520英里，其中五分之四的路程需步行。

第四节 在塔什库尔干山谷

经过9月8—11日的4天急行军，我从塔格敦巴什河下到了萨里库勒（今塔什库尔干县全境之旧称——译者）首府塔什库尔干，路经了我已经很熟悉的地方。在《古代和田》和《西域考古图记》中，我已经充分讨论了有关萨里库勒历史的一些早期记载以及在当时考察中所能找到的一些古代遗址。而有关主谷的地理特征以及现在的人口的描述，可在我个人旅行记录的有关章节中找到。因而我把第三次通过萨里库勒的记录内容限定于以前未曾提及的一些古代遗址和几次有地理意义的补充调查。

根据我旅行途中的观察顺序，我首先要说的是，沿着西—东向的塔格敦巴什河上游或塔什库尔干河，我在帕依克喀热勒下方约3英里名叫托克萨克力克的地方，见到了以前广阔冰川的一个痕迹。这是一个大的终端石堆，填满了南面雪峰下的边谷谷口。从地理学上来说，这个旧石堆的外形无疑年代很近。其下方2英里，海拔12 000英尺的地方，我发现了进一步的证据，即我以前曾调查过的扩展到山谷高处的耕地。在吉尔吉斯人近年又短暂地进行耕种的，被草覆盖的小块恰迪尔塔什老梯田上，以及河对岸（左岸）克孜尔塔木附近，有一段老沟渠，其长度为0.75英里。在左岸稍下一点的阔顺库尔，我发现了自我1906年参观以后确又恢复的耕种的直接证据。这种情况也发生在皮斯岭上方3英里多的名叫喀拉吉勒伽的峡谷谷口，这是萨里库勒耕种的最南缘。所以有理由假设，如果像1891年以来盛行的来自罕萨的袭击停止，居住环境保持稳定，人口就会增长，使上至塔格敦巴什帕米尔的所有可耕地逐步得到复耕。

当我从皮斯岭营地（海拔11 530英尺）前往对面右岸的达夫达尔村时，山谷下部发生的巨大变化给我留下了深刻的印象。我的直接目标是从那里找寻名叫法尔雅德阿里基的一条古代沟渠，即当地非常著名的神奇传说的主题"法尔雅德的沟渠"。我在1900年时就已听说过这条沟渠，但1900年和1906年时我都没有足够的时间去查验它。我的注意力首先被达夫达尔的大变化所吸引住。1900年时，我在此仅看到从事牧牛的8~10户人家的简陋房屋，但现在我发现像在萨尔哈德看到的那样，已有40多户人家，散居在一片精心耕种的土地上，大多数屋舍的周围种上了苗壮成长的白杨和柳树。耕地总面积现已扩大，南北长4英里，东西宽1英里。由于地多人少，缺乏劳力，所以耕地每年间隔轮作，大麦、燕麦或豌豆是主要作物。还有，据说除了灌溉耕地，水还大量富余。受沟渠灌溉范围内的所有荒地上的草都被烧光了，房顶上贮备了大量过冬的草饲料。

我的萨里库勒老熟人拉希德伯克，又一次被派来陪同我前往塔什库尔干。他解释，我欲寻找的那条古代沟渠被部分地再使用，使达夫达尔得到了惊人的发展。很明显，1900年我离开后不久，塔什库尔干的军队按办在法尔雅德阿里基老渠的渠首进行了一次开垦活动，据说精力充沛的他，和50名中国士兵及数量相当的塔什库尔干垦荒者一起，住在工地，辛劳了三个月，因此开垦工作得以在一个季度内完成。我被告知，修整后的沟渠是从扎坎吉勒伽河的出口引水过来的。扎坎吉勒伽河从东南方高达18 000英尺的雪峰上流下，灌溉着此山谷。河流不仅有大量的阿克苏或冰雪融水补充，而且还有泉水或喀拉苏（即黑水）的永久补给。我考察了修整后的沟渠。沟渠位于浅河滩上方20英尺处，因不小心被切断，已经干涸，但它以前曾灌溉过当时达夫达尔还很少的耕地，流量为2.75立方英尺/秒。不管怎样，沟渠两边的实际淹没带的宽度，清楚地表明原来沟渠的流量似乎比这大得多，但以后被淤积起来，仅部分地段被清理。此结论为后来其余的古代沟渠的视察所证实。

我们沿沟渠走了3英里。沟渠沿一块低矮的砾石台地的底部蜿蜒，灌溉着面向河床的缓坡地。水满溢渠的现象表明实际水量比耕地所需的量要大。此地被来自从喷赤河最上游的以小队形式翻过瓦赫吉尔山口的瓦罕移民所独占。由于塔格敦巴什附近的特产和夏季牧草可为饲养畜群提供大量便利条件，所以听说他们都成了巴依（意为富裕——译者）或小康水平的人。在达夫达尔耕作北界以远的地方，同样是容易灌溉的冲积地带，此地和平安宁，只要有充足的供水，进一步扩展耕地是完全可能的。

离耕地边缘不远，有一条老渠的支渠。据陪同我的拉希德伯克和另一些萨里库勒人说，这条较低的支渠，经过兰格和塔格什的牧草地，向下通至塔格拉克拱拜孜。另一条支渠，据说延续到塔什库尔干对面的托格兰协亥尔的下面。在拉希德伯克的引导下，我前去寻踪，果如其说，该渠道还通至连接的边谷谷口处的冲积扇上方。从一开始，此渠就可容易地找到，因为它的连续的台阶通常有10英尺宽，通过冲积扇的缓坡，渠水依然清澈。此渠已经进行了很好的修整。它沿着浅山涧的边缘蜿蜒而行，把东边边谷中的水引下来。那里，没有缓坡，需建筑支撑水渠的墙。这些垛墙是用大石头精心筑成的，许多地方仍有6~8英尺的高度。

在达夫达尔耕地北界以下2英里，我们见到了一小段保存特好的古渠，在那里它绕着一处小的掩蔽的峡谷而行，从而弯曲成一个窄环形。在这里，渠道的原范围仍可看得清清楚楚。堤岸顶宽17英尺，渠中心的深度约为2英尺4英寸。假设渠道被弃置后，渠道未被淤积，又假定其流速接近达夫达尔实际观察的每秒钟1英尺这一数字，那么，该渠的正常流量大致为20多立方英尺/秒。我注意到，除了有一条横贯渠床的10英尺裂口，围绕小峡谷的长约100码的蜿蜒的渠道保存得十分完整。通过希尔别力的缓坡达什特（Dasht，波斯语，意为平原、荒地——译者），可清楚地找到2.5英里长的渠道。拉希德伯克经验丰富，熟练地给我指出了与干渠垂直的，把田地划成许多条块的小支渠。

渠道保存得如此之好，使人不由得怀疑"法尔雅德阿里基"灌溉渠是否为古代所建。但是萨里库勒曾流传过有关它始建的神秘传说。此外，我们也会想到这个山区极端干旱的气候能使该渠得以较好地保存下来。此外，还有一个证据是，1906年时我曾考察过附近名叫克孜库尔干的一处古代要塞遗址，它位于皮斯岭以上8英里河流大拐弯处，年代十分古老，约在玄奘的时代。玄奘曾详细地记载过与它有关、当时统治萨里库勒的王朝的家世。当描述这些遗存时，我曾经指出，"这么古老且如此暴露的遗存能历经各个历史时期而较好地保存下来的原因"，只能用历史时期异常干燥的气候来解释。说明干旱气候的另一个间接证据是宋云关于汉盘陀或萨里库勒的重要记述，其中特别提到这里的播种依赖于灌溉水渠，详述了当他们听到中原依靠下雨来进行播种的事情时所表现出的怀疑。

为了参观1906年我沿河左岸行进时第一次听说的老库尔干，我们从兰格小绿洲牧场，来到了塔格什大山谷的宽阔的冲积扇上，老库尔干即位于此山谷的谷口。我们发现，该"遗址"仅有一些年代不明的碎石建成的棚屋。但这绕行之路使我看到了穿过北面萨里库勒主谷和塔格尔玛的广阔景象，还有慕士塔格阿塔（Muztāgh-ata，突厥语"阿塔"意为父亲，整个词语的意思是冰山之父——译者）巨大的雪峰圆顶和冰川崖坡。9月11日，从那天晚上宿营的朱伽勒拱拜孜起，我们向下前往塔什库尔干。路上，仍可清楚地看到"法尔雅德阿里基"连绵不断的渠道。拉希德伯克也给我指出，在左岸，该渠起自朱伽勒拱拜孜对面的河流，曾灌溉了下至阿克塔木右边的所有冲积高原。那个地点或皮特和瓦奈兹拉夫吉勒伽出口附近的现又被开垦的小块土地，都是由边溪进行灌溉的。

再往下走，从朱伽勒拱拜孜骑行约11英里，我们到达了宽阔裸露的平原，按照当地的传说，这是一个大型古代村落的遗址，名称非常有意义，称为巴扎达什特。我沿着其上方的法尔雅德阿里基明确的冲积台地的底边行进，但在穿越巴扎达什特时，我注意到一条大支渠还有几条支渠的明显迹象。我观察到这片平原覆盖着一层3~4英寸厚的小石头，下面是松软的沃土，明显是河流的黄土，这使我回想起1907年就注意到的罗布泊不远处的米兰遗址周围的土地特点。我在1900年时听说，这种地表的情况是风蚀所致，此说很快被我对现仍存于巴扎达什特的建筑遗存的考察所证实。

在阿克塔木对面的地点上，我找到了一处规模巨大的泥筑厚重围墙。它已经严重地断裂成墙段，表明了长期不断的风蚀作用。这处围墙的长度通过其西北面可以量出为190码，在非常厚重的西南残段处长度约为60码。现存围墙均高出地面3~4英尺，好多处已经破损不堪，几乎塌毁。风蚀的破坏程度清楚地表明了遗址的古老的年代，但我们未找到具有确切断代意义的物品。鉴于这块裸露的平原上的强风，我应当提到在塔什库尔干听说的一些消息，风一般从北面和东北面刮来，春天和冬天的风时间长，风力强。这些风对裸露的土地的侵蚀速度非常快。我们可以用这样的例子来说明，1903年俄罗斯人在塔什库尔干筑了一座防御性的小哨所，我注意到现在大门外的地面已降低了不少。

　　在巴扎达什特北端下不远，河床宽了不少，现在的水渠正是
从这里，穿过灌木丛覆盖着的河岸平地，把水输送到面向塔什库
尔干的上方村落。在它上方的法尔雅德阿里基渠，位高且干，沿
山坡坡麓而行，直至顶上有莫拉依·伊桑斯墓地的一条陡峭的山
脊，才明显地下降（图34）。从那里往前，此渠由崖麓的垛墙所

图34　托格兰协亥尔，莫拉依·伊桑斯墓地所在的山脊

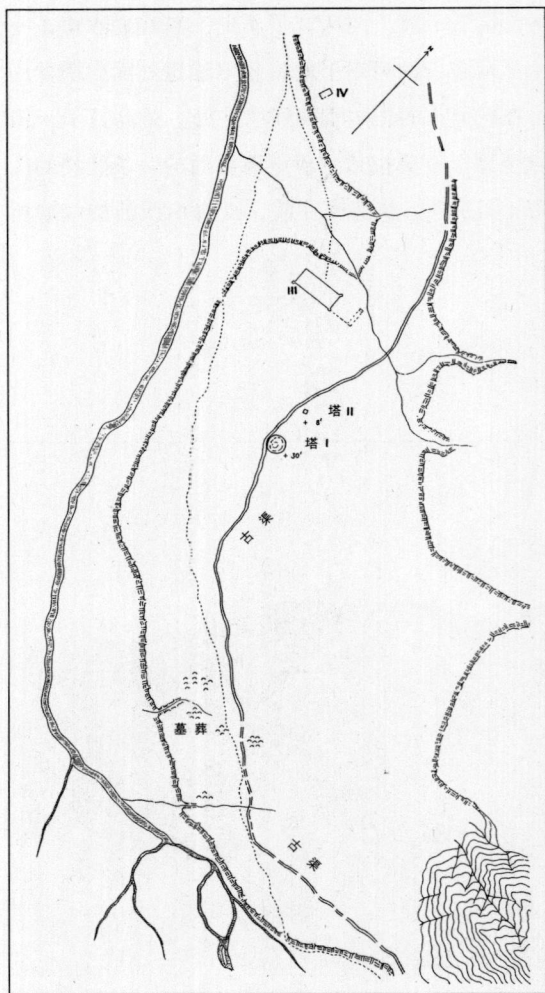

图35 塔什库尔干江格尔拱拜孜遗址平面图

支撑，但至山脊末端处，被岩石所切断。这段沟渠，现已被整修，并被用来把水引至塔什库尔干最南边的耕地，以使新沟渠保持有效性。不管怎样，老沟渠在那里并没有终止，而是继续延伸到名叫江格尔的一块宽阔的冲积扇以外的地方。据说此渠延伸得很远，通到了塔什库尔干河向东急转弯并进入兴地峡谷。在沿江格尔冲积扇上方陡峭崖面而行的沟渠上，我做了测量，渠宽为5英尺，用大石头筑成的支撑墙仍保存得很好，高8~9英尺。在扇形地面上，渠岸间的宽度扩至14英尺宽，中间深度为3英尺。

从观察的实际范围来看，萨里库勒的传说是对的，它说古代法尔雅德阿里基渠不仅把水引往这块扇形地，而且还引往在阿夫拉西阿卜山西北大山梁下数英里的河的右岸的可耕地上。由此，这条古渠的长度可以较可靠的估计不下50英里，其投入这项建设工程和维护的人力、物力远大于现代萨里库勒的人力、物力。如果我们比较玄奘描述的和他同时代的揭盘陀的情况，就不难得出萨里库勒的最繁盛期出现得很早的结论。

为了追踪这条古渠至其终点，我得以有机会很快地考察我在第一次访问塔什库尔干时漏脱的一些遗存。从那里约走0.25英里，法尔雅德阿里基渠通到了托格兰协亥尔下面冲积扇的南端。如上所述，在俯视宽阔河床的高原边缘，有一处伊斯兰圣人的圣墓，它和附近的拱顶墓地一起，被称为江格尔拱拜孜。再往北沿老渠走0.25英里，我看到了扇形地的缓坡上方矗立着一座大圆丘，圆丘两边有一条古渠（图35）。圆丘完全是土丘，系人工堆积，从它

图36 在塔什库尔干河上方，江格尔拱拜孜附近的遗存

的形状来看，除是一处完全毁坏的塔外，很难说是什么别的遗存。圆丘的保存状况和外表使人想起喀什噶尔的库尔干梯木。看来它从未被打开过。在圆丘以北70码处，即水渠附近有一处遗存，我认为是一座小塔的底座，用砖坯砌成，上部已完全毁坏。

在上述最后提到名称的建筑北—北西约160码处，即高原边缘附近，有一处大型的长方形的围墙遗址。由于时间已晚，我未能仔细地考察它。但在我于塔什库尔干忙碌的期间，调查员阿弗拉兹·古尔给我画了平面图并照了相（图35、36）。此遗址面积为193英尺×83英尺，三个角落留有直径为10英尺的圆形角楼。北墙和南墙为长边，靠近中间开有数扇大门。东墙外的附近看来有一道外围墙，其东北角有一座约18英尺见方的塔楼。整体说来，墙的厚度从2英尺到3英尺不等，部分用大型砖、部分用碎石垒砌而成。内墙的年代相对来说要晚一些，似乎曾被牧民用作蔽身之处，断墙残垣，破败不堪，中有庭院和房屋，对此，调查员未能弄清确切的布局和特点。他的平面图和我的匆匆的视察，都未能使我形成有关其建筑用途和年代的明确的结论。但考虑托格兰协亥尔以下的这块地方肯定已被废弃了非常长的时期，我倾向于认为围墙是古代的，但也许被修整过，或在伊斯兰时期被临时占用过。我在结论中补充说明的是，高原边缘下300多码的地方，另有一处遗存，但围墙内的面积较小，外径为53英尺×26英尺，从其使用的砖块来看，其建筑年代应相似。

9月12日，我在塔什库尔干只停留了一天，无非是为交通做各种各样的安排，因为在以后的旅程中，我的团队将分成几组前行。我重新参观了这一萨里库勒的首府，也了解它现在的情况，但这并没有改变我对该遗址年代及以前记录的遗址特点的看法。不管怎样，我要简要地提到的是，在1900年已考察过，而且无疑是玄奘踏访并记录过的萨里库勒的都城遗址下的东北面几百码的地方，我现注意到了以大型拱拜孜遗址为标志的一座清真寺以及邻近的一块古墓地。据说清真寺中保存着著名圣人沙奥里亚的遗物，其坟墓吸引了来自萨里库勒各地的朝圣者。那么我们能不能把这个朝圣地与当地崇拜的延续和"台阁高广，佛像威严"（《大唐西域记·朅盘陀》——译者）相联系起来呢？正如玄奘所记，朅盘陀早期的一个国王，为了尊崇老师拘摩罗，在以前的皇家居址上，建了上述寺院和佛像（《大唐西域记·朅盘陀》"以其故宫为尊者童受论师建伽蓝"，童受为意译，名拘摩罗逻多，梵文Kumaraiata 或 Kumararaoa——译者）。

第五节　沿喀拉塔什河前往喀什噶尔

9月13日，我从塔什库尔干出发前往喀什噶尔。从萨里库勒到喀什噶尔的最直接的路线非常艰难，还未被调查过，所以我很想通过这条路线对喀拉塔什河谷进行考察。为此我们须走连接萨里库勒、喀什噶尔、莎车并穿过慕士塔格阿塔余脉的主要商路。当我沿此道经德尔沙特山谷前往其其克里克高原时，我又一次地感到我正走在玄奘走过的小道上。

在1906年的考察中，我相信玄奘走的路线经过其其克里克。但我考察的季节较早，所以不得不走上通狭窄的兴地山谷的道路，此道似乎不是公元642年秋玄奘所走的从朅盘陀经乌铩（英吉沙、莎车）前往喀什噶尔的那条道路。可以肯定，在当时的季节里，上通德尔沙特山谷并穿越科克姆依奈克山口的道路更便捷，很容易走。9月13—14日当我在向上走的时候，我确信在库布拉克达什特上面穿过德尔沙特吉勒伽到喀什噶尔的小道，骆驼甚至大象都可以走。这一点非常重要，因为我们从《生平》中得知，玄奘一路上由大象陪伴，直至其其克里克以远的坦吉塔尔峡谷[1]。而兴地山谷上方充塞着大量的大卵石，在玄奘的时代，也和现在一样，大象不能通行。

在《西域考古图记》中，我已经充分地讨论了兴地山谷前部裸露的毫无人烟的其其克里克迈丹（Chichiklik-maidān，迈丹，意为平原、平地——译者）高原地貌。我也说明了在海拔近 15 000 英尺的高度上有一处馆舍，其故事玄奘已经详细地记述了。当我们前往科克姆依奈克山口并翻越其后面高敞的平原时，恰如玄奘所述："冬夏积雪，风寒飘劲。畴垄舄卤，稼穑不滋，既无林树，唯有细草。时虽暑热，而多风雪，人徒才入，云雾已兴。商旅往来，苦斯艰险。"（《大唐西域记·奔穰舍罗》——译者）我们遇到了刺骨的寒风和暴雪。我在以前的调查中，就认为上述遗址应是

---

1 这些大象曾驮载朝圣者沉重的行李，其中包括他大量的佛教用品和手稿。这些随行的大象间接地证明了玄奘的时代瓦罕和萨里库勒的经济状况一定不同于现今，因为我怀疑现在这些山谷的资源不足以供养大象，以确保它们通过帕米尔。然而，我们知道玄奘以及他的大象曾在萨勒库勒首都都停留了20天，使那里增色不少。

图37　其其克里克迈丹的围墙遗存

玄奘记述过的古代馆舍。现更令人满意的是，这次我发现了证明此说的更明确有力的考古学证据。

我们的调查表明，其其克里克迈丹从北至南长3英里，其近中心有一座矮丘，其顶部有粗石筑成的拱拜孜遗存，毁坏较严重。它被伊斯兰教徒尊为圣地（图37），其周围可很清楚地找到用同样材料筑成的但要坚实得多的墙基。墙内面积为102英尺见方，方向正东。围墙内到处散布着低矮的丘堆，大部分已严重毁坏。据我了解，该地为遭厄运的徒步旅行者的一块墓地。因为此高原荒芜孤寂，又暴露于风雪之下，常有过往的旅行者猝死于此，所以至今仍有死者埋入。贝尼迪克·吉欧斯告诉我们："从萨锡尔（即萨里库勒）到锡色利特（即其其克里克）山麓，走了两天多。那里积雪深厚，攀登时，人多冻死。我们的兄弟公开逃走了，因为他们在雪中已经度过了6天。"在中国新疆，以"齐亚拉特"冠名的遗址，一律都是墓地。所以围墙遗址中发现的墓葬，为该地点长期以来被尊为圣地提供了直接的证据。

我在上次考察时，就认为"这是玄奘提到的最后一批古代建筑遗存"，理由主要有二。首先，我曾在别处说过，在伊斯兰教流行的中亚地区仍残留有佛教崇拜地。其次，遗址的中心为丘墩，并例外地作为旅行者的庇护地。这些都充分地证明我对这处带围墙的遗址的认识是合理的。因为时间允许，并得到了有关方面的协助，我对该遗址做了仔细的调查，结果充分地证实了我的认识。我看到这片大围墙区的西南面曾是一片长方形的居住区（图38），外围墙和居址主墙的厚度均为2.5英尺。这些墙壁虽已塌落至近地面，但即使不发掘也可以清楚地从地面上找出来。从遗址现象来看，有两排房屋，每排各五间，房间大小均为9.5英尺见方，隔墙厚1.5英尺。两排房屋中间为面积近53英尺×26.5英尺的庭院。这些房间无疑是客房，而庭院则是保存旅客物品的场所，同时，大

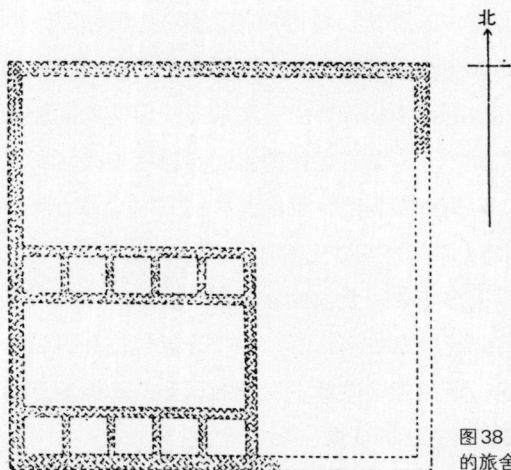

图38 其其克里克迈丹
的旅舍遗址平面图

围墙外的空地，可能是系牲畜的地方。也许，因为其其克里克迈丹的恶风似乎从东北方吹来，因此这个古代萨拉依（旅舍、馆舍——译者）的设计者有意让外围墙的北面和东面空着，以使牲畜在这些墙壁的遮挡下免遭刺骨寒风的袭击。

现可发现坟丘散见于居住区在内的整个地区。此现象说明，该建筑遗址已被废弃了很长一段时期。也许玄奘参观该地时，这个古代馆舍就已经变成废墟了。如现已翻译过的《大唐西域记》，就详细地记载了他听说的关于此建筑的神奇传说。但留给我们的疑问是，像他这样虔诚的旅行者，是否也得过它的庇护？我在此要补充的是，围墙外面以及附近发现的大量陶片，证明该地曾是商旅驼队经常的停留地。1906年，在其西北200多码的地方，我们发现了中国按办建造的两座棚屋，可说是该地适合建筑馆舍的现代例证。这两处棚屋，尽管建于1903年以后，但现已完全变为废墟，可说明了这里气候条件的恶劣。而与此相反的是，坚固的古代馆舍，即使被废弃了许多个世纪，但仍留下了清晰的遗存。

从其其克里克向东，我又得走向下通塔尔巴什并穿越极端狭窄的坦吉塔尔峡谷的道路。由于玄奘和一千年以后的贝尼迪克·吉欧斯在此都有过冒险的经历，因此在以前的记述中，我详细地讨论了这条隘路上发现的古物以及我自己感兴趣的东西。现在我仅需补充的是，在我下往塔尔巴什的路上，我清楚地注意到大石堆和连续的高原样的阶地，它们都是古代冰河作用的痕迹，似乎标志着不同地质时代冰川的终极地，冰川曾多次充塞过此山谷。毫无疑问，其其克里克迈丹的特殊构造地貌，也归因于以前曾完全覆盖兴地山谷前部的大冰川。

9月15日，我们到达了托依勒布隆。在这里，坦吉塔尔峡谷的溪流汇入了从北面布拉姆萨尔峡谷下来的一条溪流，而道路从小块耕地和柯尔克孜人的牧场之间穿过。由于我急于要把我们的三角测量沿昆仑山尽可能地向东延伸，拉尔·辛格很快地向东急行军离去，目的是为了经莎车、和田，赶赴到喀帕和且末上面的昆仑山主脉体。我计划在1月15日回到米兰，及时地开始我在罗布泊北面的沙漠考察，这是我在冬季的主要任务。为了及时地完成预期的艰难调查，必须事先进行周密的安排和详细的指示。尽管我可以幸运地绝对依赖于我的老搭档献身的热忱和力量，但在我们赶赴这里的旅途中做出这些计划，仍耗费了许多心机和时间。此外，我派阿弗拉兹·古尔和奈克·夏姆苏丁照料我的沉重的行李，把它们运往喀什噶尔。他们走的是1906年我走过的经过依格孜亚尔的平常的商旅道路。

我自己则和第二个调查员穆罕默德·亚库卜一起，按期向北出发，前往同一目标，但我们走的是一条新路。此路翻过墨尔基山口，向下到喀拉塔什山谷或从冰雪覆盖的慕士塔格阿塔的东山坡流下的拜什干河。这条山谷给英吉沙大绿洲提供了大部分的灌溉用水。道路特别艰难，这条重要的山谷从未被考察过。喀拉塔什河道深切，其狭窄的峡谷在春、冬时节，因冰雪融水形成的大洪水而无法通过。而到了早秋时节，虽然洪水消退，但墨尔基山口则容易被大雪所阻塞。1906年春，我曾派调查员拉伊·辛格下到这条山谷。尽管他勇敢地做了尝试，但此峡谷还是被完全阻塞了。在到达其木干后，他不得不转向东北，寻找翻越吉加克山口的通往英吉沙的道路。而现在主要由于时机较好，有利的条件保证了更好的结果。吉尔吉斯人的消息表明，与我们离开亚辛后所经历的不平常的季节相一致的是，一场罕见的连续性早雪，使气温变低，从而比平常年份提早地减少了冰川融水。所以我有希望通过这个河谷，同时尽管墨尔基山口已经积雪，但驮载的牦牛仍可通过。

雨雪一路陪伴着我们上到了布拉姆萨尔山谷，因而在山口下面的最后一处吉尔吉斯人营地的阿克奥依（意为白色毡房——译者）提供的庇护，对于我们来说犹如雪中送炭。盛行于上个月以及将延续更长的时间的坏天气，尽管对我的行程有利，但对托依勒布隆以上4英里的峡谷里的燕麦成熟大为不利。再往上走，有许多长草的大石堆，表明以前有冰川下到了12 000英尺的地方。9月16日早晨，天空正好放晴，使我们可以爬上海拔近15 000英尺的墨尔基（或称布拉姆萨尔）山口。即使此山口最后2 000英尺左右的斜坡上覆盖着厚雪，但负重的牦牛也可通过。从北坡下去非常陡峭、困难，坡上大部分有巨大的卵石堆，半藏于雪中。至近墨尔基恰特时，我们才从雪中走出，并在那里发现一处小的柯尔克孜人的营地，正好占据着庇护的位置。此处海拔12 180英尺，旁有从墨尔基吉勒伽来的溪流（图39）。

我们在那里停留了一个夜晚，并更换了牦牛。然后，我们继续向山谷下走约17英里，总的方向保持为北—东北，但路线有许多弯曲。为了绕过陡峭的山麓，需要经常地穿越河床，无疑，在这个季节里会遇到许多麻烦。但现时山谷中几条小溪流汇合成的水量，尚未大到流满整条河床的地步。谷底宽阔，在经过从西面来的喀拉塔什河流入山谷的地方，即墨尔基恰特下14英里的地方后，道路暂时变得好走一些。其流量看来比从墨尔基来的水量要

图39　布拉姆萨尔山口下的墨尔基恰特，柯尔克孜人的营地

小，而且因为汇合处山谷从南到北的方向延续，所以可断定墨尔基小溪应是河流的真正水源。但喀拉塔什山谷有道路可通喀拉塔什山口，据我们1900年的调查，此山口可通慕士塔格阿塔北面的喀拉库勒小盆地以及帕米尔以远的地方。而且，这条道路因是穿越慕士塔格阿塔山脉的唯一通道，显得非常重要，因此整条山谷

图40　在喀拉塔什河汇合处更换交通工具

及出口处的河流保留喀拉塔什的名称，看来是有道理的。

　　第一块柯尔克孜人的耕地发现于海拔10 000英尺的喀拉塔什河汇合处附近。在迫使河流转弯并转向西流的一块奇怪的覆盖着冰雪的大山石以下，谷中间歇的播种地和牧草地的数量渐多。在发源于吉加克山口的小溪与喀拉塔什河交汇处下方3英里，山谷变阔，可耕地不间断地延伸下去。那天进行的其余的长途跋涉，是和骆驼一起，从喀拉塔什河汇合处（图40）不远的吉尔吉斯人营地，沿蜿蜒的河床穿过隘道的延伸部分。在此季节的早期，这种从此岸到彼岸穿越不是没有风险的。像以前一样，我们终于在黑暗中平安地走完了最后几英里，下到了其木干艾格孜，然后在那里扎了营。

我们曾到达它的谷口的其木干山谷，它从西南方向下来，极目上望，十分宽敞，长约5英里。谷中河流与喀拉塔什河交汇，当我们从交汇处上方过河时，发现谷中河流比喀拉塔什河要大得多。从其水量和颜色来看，表明它无疑孕育于规模较大的冰川。尽管不可能花时间来对其木干山谷进行调查，但我1900年考察时所绘制的地图表明，这些未考察过的冰川位于慕士塔格阿塔北面冰雪覆盖的大山脉的东翼。1900年三角测量校正的结果表明，此山谷由位于孔古尔德贝和戈克塞尔两条冰川以上的两座山峰组成，它们在高度上甚至超过了慕士塔格阿塔。在其木干山谷内，沿其平坦宽敞的谷底极目远望，到处都是耕地。我们在河流交汇处下方的左岸上，还经过了一处绵延1.5英里长的果园。据说在巴什其木干支谷的冰川下方，有着大量的草地，住着50多户奥依里克人或数量与此差不多的柯尔克孜人家，对此我毫不怀疑。

从喀拉塔什与其木干艾格孜的河流交汇处，山谷继续向北延伸。9月18日晨，我们沿着山谷走出才不到2英里，便进入一连串狭窄弯曲的隘道。它们好像是罕萨河道在新疆的翻版，只是缺乏冰川而已。我们在此进行了两天艰难的跋涉，证明此谷长有20英里。在许多地方，穿行有很多风险，这不仅是指行李装备的损失而言。假如河水涨高几英尺，你就彻底无法通过。而当河水流量减少，要在峻峭的岸壁或砾石河岸间行走，没有柯尔克孜骆驼的帮助，也简直无法行进。幸运的是，我们在其木干时得到了它们。只有这些吃苦耐劳并习惯于这种艰难道路的当地骆驼，才能应付这些狭窄、充塞卵石的小道，而其他牲畜则完全不行。在许多名副其实的拉菲克斯（Rafiks，意为栈道——译者）的地方，只能沿着悬崖绝壁的崖脚行走。

我们在其木干艾格孜以下约6英里的巴库恰克遇到了第一条拉菲克斯，它用粗树干和灌木搭成，仅容人步行通过，充分体现了罕萨或锡格楠人具有攀岩的技能。与之相反，柯尔克孜人继承了真正游牧民族的天性，不太会使用他们的双脚，因而难有这些技能。还有，与旅行者所熟知的塔里木盆地大沙漠附近不同的是，这个地方的尘雾出现在狭窄的峡谷上方。我们多次过河，几匹马在涉水时遇到了很大的困难。随后，我们来到了下面3英里外的一个地方，突出的岩石把通道完全封闭了。在阿拉尚德，我们被迫卸下骆驼负载的货物，才能通过拉菲克斯。这些拦路的岩石和光滑的鹅卵石，使得崖脚的小道更为难走。后来，我们来到了右岸长约2英里的陡峭的梯田，行进起来就安全多了。但它们把我们引到了一段很难通行的峭壁，即便是勇敢的骆驼，要穿越过河到达其左岸也是非常危险的。于是我们又折回来，在急流的前面通过了喀拉吐木休克吉勒伽的出口。这里，河宽50码，深3英尺，可以涉水而过。越过陡峭的碎岩，爬上岩坡后，我们在傍晚时分终于到达了一小块长有野生白杨树林的平坦地方，即在此停留扎营。

9月19日，开头的行进非常艰难，骆驼只有不断地涉水才能前行。我们在拉菲克斯的礁石上，痛苦而缓慢地行进了约1英里才抵达右岸。驮物的马匹也不能行走在拉菲克斯和礁石上，因此不得不让它们游着过河，同时由骆驼拉住拴在它们身上的绳子。而我们则只有涉水而过。从皮特里克吉勒伽出口的对面到卡因艾格孜的路程较短，直线距离不超过0.75英里，但因为这里的拉菲克斯和罕萨的那些拉菲克斯一样糟糕，我们不得不绕行了两个多小时。在攀登陡峭的多盐岩的悬崖后，我们被迫爬上河上方800英尺高，非常陡峭的页岩斜坡，然后又下到了同样陡峭的地方。卡因吉勒伽的河口水量很大。再远一点，河床稍宽，与左岸1.5英里长的艰难行程相比，较易行走。其后，通过特克其克山谷，可到达大牧场和面向英吉沙的一个山口。在此峡谷下方，有相连的陡峭的山梁，其正面非常陡峭，几乎垂直，高度接近3 000英尺，除了走河床别无小路可走。当然，在春、夏洪水期间，河床是无法通过的。即使在后来的季节里，对马匹来说，横渡六次也是非常困难的。因而当通过名叫通吉尼塔尔河的最后一道峡口，从这些令人绝望的隘路进入喀拉贝勒吉勒伽汇入处附近迅速加宽的山谷时，我们真正得到了解放。

这里的山谷完全是另外一种面貌，影响了旅行者的前进速度。从喀拉吐木休克营地出发后，我们已经跋涉了几个小时，才走了7.5英里，行李也差点损坏和丢失。我们的夜营地在萨曼（麦子——译者）种植区，还需走11英里才能到达。不过，我们可以骑用汗特利克带来的马匹，因此完全可以在两小时内到达。小道通过的河岸上有着宽阔的高地或冲积扇，部分土地已由柯尔克孜人进行了开垦。尽管有皱褶的陡坡和陡峭的山嘴，风化严重的边谷还是向两翼伸展。山坡主要由砂石垒成，带有红、灰的层理，与我们1900年在到吉兹达拉以及穿越通托库孜达坂的路上所看到的过度侵蚀相同。我感觉到，外层低山丘陵的骨架，似乎被这个贫瘠不毛的地区发生的侵蚀力量剥了出来。当我通过宽阔的冲积扇时，看到从亚普羌吉勒伽流来的一条小溪，正灌溉着库尔干肥沃的耕地。我也注意到这里明显是砂石风化后形成的深红色的沃土和散布的巨砾，我也看到，成堆隆起的砾岩，像斗篷那样覆盖于红色的砂石山脊上。这种地层厚数百英尺，在山谷两边的面貌完全不同。

只种麦子的多沙之地是此山谷最近开垦出的耕地。我根据以前在塔里木盆地另一些河流出口处的考察经验，对9月20日抵达耕种平原边缘前20英里的荒凉有了心理准备。裸露宽阔的山谷一侧，侵蚀严重的砂石山脊裸露着，连绵了约4英里。最后一条小河谷名叫吐休库契，宽约40码，我估计其流量达1 400立方英尺/秒。据说在夏天洪水期间，河水深达6英尺，如此，其流量至少要比平时大三四倍。此后，为砾岩的平顶高原，上不见山峰。其底部被河水冲刷，成为几乎垂直的悬崖。最后，谷地呈现出宽阔的石质达什特的面貌。翻过此地约6英里后，我们来到了向东北蜿蜒而去的河流前。我们又一次从阿依木杜木低山脊的对面看到了此河。

这里有被废弃的琼喀热勒烽火台，标志着英吉沙的两条主渠——吐维斯和沙尼亚孜的渠首所在。再往前约2英里，即山脊的北面，河流从砾岩高原之麓近处流过。从琼托喀依开始一直是此高原的左边边缘，此高原末端附近的一个丘墩上是著名的穆斯林圣人帕克兰·霍加木的墓地。英吉沙人经常来此朝圣，因为他保护了喀拉塔什河的灌溉用水的供应。与喀拉塔什河上方的库赫马里相似的是，其墓地在那里发挥了作用，所以人们长期以来认为，它已继承了该遗址作为佛教和田"牛角山"（《大唐西域记》中又名"瞿室鲛伽山"——译者）的功能。我毫不奇怪地发现，灌溉英吉沙土地并把水引往镇上的最大的拉瓦尔乌斯唐渠，即是从帕克兰·霍加木墓对面的喀拉塔什河流岔开的。其墓有两处拱拜孜和一处大的围墙院落。从其附近的古遗址上我未了解到什么。但无疑，人们很早起就对这个真正的苏巴什遗址进行了崇拜。

最后一次跋涉过拐弯向北的河流后，我很快到达了阿勒吞鲁克。这是一个欣欣向荣的小村庄，位于平原边缘，我对它非常熟悉。从英吉沙衙门出来迎接我的克其克伯克是我的一个老熟人，他来自和田。他告诉我由于辛亥革命以后的纷争和政治上的不稳定，该地区经济状况不佳。确实，我从我前几次的观察中了解到，尽管年年水源充足、丰产丰收，但自1908年以来，这里很少或没有开垦出新的田地。幸运的是，在我9月21日骑行40英里去喀什噶尔的途中，未见到影响我愉快印象的倒退迹象。接下来的路程，几乎直线向北，我以前未曾考察过，同时也给短时间落在后面的调查员提供了绘制一些有用地图的机会。走过阿勒吞鲁克和阿图什巴格这两个村庄以后，我们穿过了间缀着耕地的一块块草原，直到10英里以外的阔那萨克地区的肥沃土地为止。这些草原还延伸到了库山河的南边，喀拉塔什河尾间河床在此得名。

在该地区大市场中心阿克图巴扎附近，我考察了一处城堡遗址。对此，我的注意力第一次被吸引到了福赛斯使团在1873—1874年的报告中的一条参考消息。当地人称呼的阿克巴什汗镇，是个略呈四角形的城堡，其围墙略呈四边形，年代较晚。传说此城堡是吉尔吉斯血统的头领阿克巴什所建。大概在老黑大爷（Khitai，中亚诸突厥语中俱称汉人为Khitai，当地汉人通常译作黑大爷，又作契丹——译者）统治，即18世纪中叶之前，他在这里建立了一个定居点。不太直的东墙、南墙和西墙分别长129码、144码和164码。北墙靠近库山河的右岸，呈波浪起伏形。四墙近中间各有大门，但北门是正门。城墙的下部是平均高20英尺的泥墙，上面是用土坯砌成的墙，其中保存得最好的存高有10英尺。在其东北角，墙顶宽10英尺，上有胸墙的残段，厚约3.5英尺厚，存高近7英尺。人们为了取土做肥料，在城堡的西南角挖了个口子。

断口表明，堡垒泥墙纵长31英尺，高出地面约6英尺。围墙圈内未找到任何建筑遗存，也未听说过在此发现过具有年代特点的硬币或小件器物。因而这座城堡的真正建筑年代现只能存疑。

从阿克图巴扎，我向前穿越了帕拉契肥沃的耕种区。一条沟渠穿越此区，把水输送到位于喀什噶尔—疏勒道上的亚普羌地带。它是喀拉塔什河的最北的灌溉渠。通过小道向北，进入大片宽阔肥沃但又未被开垦的土地。这里有亚曼亚尔或吉兹河的支流，从此地段穿过，向东流去。由这些支流春、夏季的大流量来看，这里应有许多开垦的机会。最后，我到达了从喀什噶尔河系灌溉的宽阔而又不间断的耕种区，在经过帕克塔克拉附近的坦勒维楚克河床时，我发现我又回到了1900年第一次在喀什噶尔停留时留下深刻印象的地方。在夜幕降临前，我顺利地到达了英国总领事馆，又一次受到了老朋友马继业先生最亲切的欢迎。

第三章

从喀什噶尔到和田河

第一节　沿天山外缘

在异常艰难的地区马不停蹄地进行了近两个月的考察，我的队伍已经疲惫不堪，急需在喀什噶尔停留休整。在喀什噶尔停留的另一原因，是为即将在中国境内开展的考察活动做各种准备，尤其是要进行一些准外交的协调工作。为了体现尊严，在其尼巴格的英帝国总领事馆，进行了扩建，给我们提供了极大的方便，使我们全队人员得以在做准备工作的同时，兼而进行休整。尽管如此，在喀什噶尔停留的短短两个星期内，要完成包括考察队的组织以及其他一些安排在内的繁重的任务，显然有很大的困难。所幸的是我在诸多方面得到了马继业先生的帮助，并得益于他深厚的影响力。

　　为了能及时地进行秋季和冬季的考察活动，我们从克什米尔出发以来，一路上进行了急行军。凭以往经验，我深知，如果要在沙漠地区成功地进行考察活动并完成预期的任务，准备合适的交通运输工具是至关重要的。所以，我在几个月前就做了安排，从遥远的克里雅租用12只健壮的骆驼，专为沙漠考察精心饲养。哈桑阿洪亲自挑选这些骆驼，并做好了参加第三次沙漠考察的准备工作。另一些忠诚可靠的讲突厥语的老队员也已答应再一次作为马工加入我的旅行队伍。

　　我同时也需要一名称职的中文秘书。在第二次考察活动中，我的中文助手蒋师爷提供了很大的帮助。作为回报，他在1908年被总领事馆任命为中文门士。我非常高兴在喀什噶尔又见到了这位忠实的朋友。我相信，如果不是年事已高以及患有严重的耳疾，他定会离开清闲的工作，加入到我的队伍，为我的又一次漫长而艰苦的考察作出贡献。蒋师爷推荐给我的秘书人选是李师爷，他是个干瘦、虚弱的年轻人，也来自湖南。但正如我一开始就担心的那样，事实证明他是一个糟糕的人选，但当时在喀什噶尔别无选择。他本性迟钝，沉默寡言，沉溺于胡乱取药，治疗他那虚实不明的疾病。李师爷在学问和工作方面都不如热情的抱有极大兴趣的蒋师爷。在旅行时，我们尽可能地不让古怪的李师爷出面，以减轻他的疲劳。我们常常让他和沉重的行李一起，走人们所说的大路。不管怎样，20多个月以后，我们把他安全地送回喀什噶尔，同时让他撰写我的中文书信，证明蒋师爷诚实可信，他帮助我与中国官员打交道时从未耍过滑头。

我要特别感谢马继业先生，是他的政治敏锐性和预先的警告，使我对中国官僚作风的变化有了充分的思想准备。1911年的辛亥革命影响了这遥远的西北省份，但形势并没有得到改善。1912年发生了一系列的事件，例如包括喀什噶尔和阿克苏道台在内的清朝官员的被杀，发生了假冒"革命"的权力追求者所煽动的中国边防部队以及社会低层人员的小规模动乱，等等。但喀什噶尔没有酿成完全的无政府状态，这很大程度上是因为马继业先生利用他在中国官员和群众中的威望，巧妙地进行了调停。

在我回到喀什噶尔之前，局势已经得到了进一步的控制。总而言之，马继业先生的告诫是非常有理的，他劝告我不要指望中国衙门能像前几次那样对我的考察给予大力支持。

10月9日，准备工作结束，我们即从总领事馆出发前往塔里木盆地最东缘干涸的古罗布泊地区，以开展冬季的考察工作。在抵达这个目的地之前，我首先得穿越长度达600多英里的塔克拉玛干大沙漠。我们必须在冬季寒冷时节抵达那里，以携带足够的冰块来保证长时期考察活动的用水需要，这个考虑从开始起就是我计划的核心。

出于各种原因，我急于重访和田。但塔克拉玛干南缘道路沿线的大多数地方我早在前几次就考察过，所以我最希望在有限的时间内走一条喀什噶尔到和田的新路。鉴此，我决定先向东到巴楚，然后沿新近通行的道路，穿过沙漠到达和田河。到巴楚以后，我计划顺着天山外围的低山丘陵行进。我选择此道有两个原因：一是从哈森斯坦因博士绘制的塔里木盆地地图来看，从阿图什北面的小山纵贯至柯坪绿洲南面的这一座丘陵（指柯坪山——译者），实际上还未被调查过；二是1908年我在巴楚和喀什噶尔时，就听说那里有文物古迹，所以我极想去那里进行调查。当地人似乎记得，早时候曾有一条老路，沿着丘陵外缘和喀什噶尔河向南而去。此道在中文中称公路，但更确切地说是大车道。

我在事先就让商队把现时还用不上的行李运送到和田。同时为防止途中缺水，我尽量精简我的队伍，并让调查员穆罕默德·亚库卜沿大道先走，在巴楚等我。我则由阿弗拉兹·古尔和奈克·夏姆苏丁陪伴，向东北进发。第一天我们进行了短途行进，穿过了我在1900年观察过的肥沃土地，来到了巴什克里木县的塞迪尔。又经过著名的布麻利雅玛寺，目见那年曾调查过的艾斯克后面的毛里梯木塔址，然后走上了前往阿斯廷阿图什大绿洲的道路。夜幕降临时，我们经过著名的苏丹·博格拉汗圣墓，福赛斯使团曾对它进行过调查并做了报道。那天晚上，我们宿营于阿图什耕种区东端不远的瓦克瓦克的一个大农场中。

10月11日，我们经过长途跋涉，到达了阿图什河尾间的喀勒塔亚依拉克绿洲，它是一条窄长的村落地带。我们的道路所经之处，几乎都是丘陵外缘平坦的沙漠地，蜿蜒的河流在此拐弯，向东流去。以前的河床和沼泽地靠近无明显缓斜坡的丘陵外缘，并被南面来的洪水所注满。后来，我们前往巴楚的路上所经过的地方也都无明显的缓斜坡，与塔里木盆地另一边昆仑山脉山麓随处可见的宽阔的沙砾缓斜坡（Piedmont Gravel，山麓，地质学语，指山或山脉的山脚下，由溪流沉积的碎屑形成的地貌——译者）形成鲜明的对比。当然，这种明显的差别，是因为盆地南、北两缘两大山脉的地质构造不同所致。1908年和1915年，拉尔·辛格对柯坪和喀什噶尔之间天山外围的低山丘陵进行了调查，其工作对弄清这里的地貌有很大的帮助。

为调查我以前听说的低山丘陵之麓的一些古代遗址，我未走阿图什河对岸穿过克其克兰干、通往喀勒塔亚依拉克的小道。在通过覆盖着稀疏矮树的盐碱化非常严重的一块荒原后，我们越过了河，并穿过后面的一条干河床，来到了名叫巴昌艾格孜的一小块新开垦的耕地，该地的灌溉用水来自北面1英里裸露山丘中流出的一条小溪。小溪出口西侧的陡峭砾岩山嘴的末端，有几处无疑属于佛教时期的遗存，名叫杜勒都尔马库尔。它位于峡谷出口紧上方、高约100英尺的陡峭的小山脊上，残留着14英尺见方、7英尺多高的佛塔塔基。塔基用土坯垒砌而成。由于各面的悬崖非常陡峭，至山脊的道路极为困难。遗址的瓦砾堆已被水冲刷下去，但在塔基西面紧下方仍可捡到坚硬的彩色灰泥残片。从邻近北面山脊的一条小峡谷的瓦砾堆中还发现了一个重要的精雕木光轮，高8英寸，显系佛像的背光，从工艺看似属于唐代。

爬上陡峭的峡谷以后，我注意到了类似麻扎塔格古堡斜坡上的薄薄的古代垃圾层。在峡谷上方约50英尺的高处，有一道厚4英尺的土坯墙，立于峡谷两边，用于封闭峡谷的出入口。我费劲地爬上了一条狭窄的山脊，上面堆积有大量的垃圾，表明这里曾是古代居住地。由于时间和劳力有限，不能进行系统的清理，因此我只能根据表层遗物，如芦苇、燃料、绳、残麻鞋，还有山脊上的一个矮墩和埋入土坯堆里的一个木梁线脚残件来判断，该遗址可能是一处被废弃的塔基。我还要进一步说明的是，谷口西边是几乎垂直的悬崖，崖下有两垛奇怪的半圆形土坯墙，已几乎塌落至地面，围住了36英尺×26英尺的空间，其功用不明。也许，可用该遗址"杜勒都尔马库尔"的名称来对它的形状进行一些解释，此名源自波斯语"杜勒都尔阿库尔"，意为"杜勒都尔的马槽"，而杜勒都尔则是民间传说中有名的拉斯塔姆的马名。不管怎样，这处遗址无疑是古代的一座小型佛寺。据说有溪流的那条峡谷偶尔被用作连接喀什噶尔和乌什的道路支线，峡名为木托尔艾格孜。

沿着山麓边缘向东4.5英里，我们走过盐碱硬壳覆盖的裸露沙砾冲积层，来到了卡尔梅克协亥里遗址。它是一处泥筑的大城堡遗址，原来形状为四边形，尺寸已不明。两边及北面的遗存尚可见到，但其余部分已被来自木托尔艾格孜峡谷的洪水冲走。现在的小溪水量很小，但如果山里降雨，它很快便会泛滥成灾，淹没周围的土地。当我们骑行在灌木覆盖的平原，前往喀勒塔亚依拉克耕种区北部边缘时，目睹了曾被洪水淹没的残迹。但不论我在何处看见，它说明了一个被人忽视的现象，即这里并非缺水，我们前往库都克村时所穿越的主渠，在这么晚的季节里，水量仍达到40多立方英尺/秒。

第二天早晨，我从库都克前往名叫梯木的丘墩遗址，它矗立于村庄西北2.5英里处的被灌木覆盖的盐碱化平原上，呈不规则形。丘墩用松散的泥土筑成，中间夹杂层层的灌木枝条，使我回想起1901年考察过的策勒附近的托盖墩，它可能是一块古墓地。由于从木托尔艾格孜峡谷不时地冲来洪水，土壤盐碱化较严重，因此发现古物的希望不大。随后我们向东北方向前进，穿越了谷口裸露的冲积扇。顺着这条裸露的山谷，有一条平常的道路，经过苏洪卡劳勒烽火台，通向乌什。这个达史特的东边，有孤立的新月形沙丘，表明土地正日益干旱。我们接着来到了阿图什灌渠末端的阿克迈丹农场，并继续向东，沿渠北又走了17英里。这条渠道从喀什噶尔河把水引来，灌溉着这些松散的耕地。我们走完这个耕种区时已是夜晚，只得宿营于拜什塔木的最边远的一个农场。

从拜什塔木，我们开始寻找通向巴楚的沙漠古道。我在前面的旅行中已经证明确有此道，当地的说法并非虚指，同时还弄清了此道沿着山脉外缘的丘陵外缘而行。在秋高气爽的日子里，甚至还可以看得见此路像城墙那样，向东延伸。鉴于我们前面要走的100多英里的地段还没有被调查过，找水困难，为了节省时间，我们找了一位名叫巴拉特的能干的向导。他是大道上奥尔德克里克村的村民，多年来习惯于在北面裸露的山中找矿，现暂时被塔希阿洪雇用着，在拜什塔木以北的脱库孜艾格孜勘探一处小型铜矿。塔希阿洪是阿斯廷阿图什的一位富有创业精神的地主，也是我们在瓦克瓦克的主人。这个向导被雇用前，曾沿我们要走的这条路去过巴楚。他聪明且具有非常突出的方位感。

出拜什塔木耕种区1英里，土地仍较肥沃。去年夏天洪水充沛，所以在这里出现了新耕地。但是在10月13日，我们沿丘陵外缘走的几乎都是完全裸露的黏土原，上面只有圆锥形的枯红柳沙包或者盐碱硬壳。在喀拉塔什，巴拉特让我们参观了一个大的矿渣堆，堆放着熔炼后的铜矿渣。丘堆纵长50多码、高8~10英尺，表明堆放时间较长。但人们已记不得这里何时做过冶炼工作。在丘堆南侧的一个厚厚的垃圾堆里，出土了部分上釉的陶片、织物和类似的一些物件，我认为它们是古代遗物。我们欲寻找一些像钱币那样的可断代的遗物，结果是劳而无功。那天，我们始终没有看到活着的植被。最后，我们到达了大沼泽地北缘博伽其库勒湖的湖边，其周围长着茂盛的芦苇，提供了大量的牧草。有人告诉我们，过去四年中，喀什噶尔河的洪水经常注入此地。

次日，我们继续向前行进，道路北面是陡峭而又连续隆起的低山丘陵外缘，南面则是植被带。沿途常见红柳沙包，偶见早期生长于流水旁但现已枯死的几排胡杨或野生白杨。约8英里后，我们经过了突出于山脉的一个小山岬，其末端附近有一条向东南蜿蜒而去的古河床，两边排列着枯死的胡杨。河床里矗立着活的红柳包，高约6英尺，表明在多个世纪里河中无水流动。巴拉特知道再往南另有一条古河道，许多年前还从喀什噶尔河中引来洪水，但它现已干涸。他把我们领到该河床后面的潟湖，湖水非常清淡。我们在那里扎了营，把我们的水罐注满，并让牲畜饮足了最后一次水。我也要提到的是，在喀什噶尔河最上游有时被淹没的部分地方，已开垦成耕地，如一两年前，来自遥远的奥尔德克里克的农民，在离最后一个潟湖约2英里的地方开垦出两小块空地。在塔里木河下游和库车河尾端附近，我也观察到几个类似的例子。

10月15日，我们长途跋涉，观察了几处重要的地方。首先是在红柳包中走了约2英里，然后穿越了一连串裸露的黏土冲积扇，其北面为山脉外缘的低山丘陵，风化程度非常严重，南面为宽阔的盐碱地，生长着红柳。远近的山体完全裸露，似乎有点向北倾斜。丘陵后面，是厚重的几乎垂直的红砂山壁，壁上已被侵蚀出深深的裂缝和疤痕。山壁的高度经测斜器测定，在8 000英尺以上。山脉峡谷谷口外有宽阔的冲积扇，可证实偶遇暴雨，山谷里便会涌流出大量的洪水。距低山丘陵约2英里，所有的冲积扇似乎都是平坦的硬泥平原，上有盐碱硬壳。说明以前这里曾是一片浅湖，后来湖水逐渐萎缩退却，只留下道道湖岸线，任由极端干旱的气候进行侵蚀。在穿越这片地带后，我感触深刻的是，该地区没有缓斜坡，即通常所说的山麓沙砾戈壁，它可能是喀什噶尔河河床长期以来水平冲积、沉淀作用所致。

距我们营地8英里处，在一连串冲积扇的边缘，我多次见到从北至南排列的倒伏在地的古代死胡杨，足证此地过去非常湿润。在以前的沙漠旅行中我曾注意到野生白杨总是成排地沿着水道生长，或者与地下水流相平行，在这些裸露的冲积扇的西缘和东缘发现的古代胡杨，只能是两种情况中的一种。它们生长于降雨时期，那时水流漫于这些冲积扇，保证了树木的成活及长时期的生长。从树干直径来看，它们的树龄较大。与前述情况相反的是，另一些观察可说明这片低山丘陵的干旱历史。巴拉特指出了两个在过去开掘但现已枯竭的铜矿坑位，最近试图重新开挖但未能成功，因为靠西坑的峡谷已经无水，而在另一坑附近的天然卡克（Kak，意为水池——译者）也未能找到。后来，我们沿古河床看到了大量熔铜废渣，在此谨提一下。

　　在穿越一块更靠东的冲积扇时，我们遇到了一排废弃的圆锥形堆石界标，向东北方向排列。正如地图所示，沿着这个方向，有一条古道沿着低山丘陵外缘通往吐木休克以及更远的地方，是一条最短的捷径。为了到达人们所说的黑大爷协亥尔古遗址，我们首先向东走15英里，然后转向东南方，不久即来到了一条曲折的干涸河道，河旁有宽阔的死胡杨林带，胡杨大多仍直立着。这条河道无疑是喀什噶尔河的一条支流，数世纪以前它就可能后撤了。从这条古河道的死树林向北，巴拉特把我们带到了黑大爷协亥尔遗址。

　　此遗址有一段长约300码的残墙，其中一部分呈东北—西南向。墙的两端呈直角状，残留很短，处于密集的红柳包和死胡杨间。其附近覆盖着厚厚的残堆，高不超过4.5英尺，但现厚仅2英尺，显然是由于围墙的废弃而造成的。距残墙北角东—南东120码，有一座盐碱小丘，高出地表约8英尺，底径约46英尺，顶部已被削去，未见土坯，也未看出明显的层次。在墙的内外，可捡到古代的矿渣和烧制得很好的残陶片，陶片上算纹及扭拧的带纹明显是古代的。

次日早晨，我们又转到了东北向。穿过老河道，向前走了1英里，遇见了大量活红柳和矮树。在干河床后面不远，我注意到一条低矮的堤岸，可能是一条古渠。很奇怪，在我们前往低山丘陵时，包括大量芦苇在内的植被显然增多，我们意识到这里可能是穿过芦苇区蜿蜒向南的一片沼泽地带，喀什噶尔河系的洪水仍不时地流到这里。在夏季，穿过该地区的法依孜阿巴德和巴楚间的现代道路，常因洪水泛滥而受到阻断，我们的驼队对此曾有过体验。他们在盐泽南边因道路冲断，绕走了一段冤枉路，才回到巴拉特所走的那条小道，使我们等得有些焦虑和厌烦。巴拉特记得几年前他曾在沼泽地北部的芦苇塘里发现过一个小水塘，为此我们花费了很长时间才找到它，但里面的积水太咸，以致在太阳暴晒下走了两天，异常口渴的马匹，尝了一下后就再也不喝了。

10月17日，我们继续前进，缺水问题得到缓解，使我们认识到古道沿丘陵外缘而行的一些好处。那天晚上，我们的4只骆驼被西南的芦苇所诱而走失，直到一个星期后，在巴楚人的帮助下，才把它们找到。那天载重量虽然增加不少，而且出发较晚，但我们仍轻松地走了24英里，因为走的是穿越沿丘陵南麓的平坦、开阔的冲积扇上的道路。前面提到的长条形沼泽，距营地约7英里，位于巴拉特称为维勒维勒的一个突出的山嘴下。再往前走，山丘低矮了许多，但仍非常陡峭。在其南麓，已不见芦苇，而代之以向东、向南延展的无数红柳沙包。离开维勒维勒后不久，我便见到了巴楚后面朦胧、遥远的麻扎塔格山。

那天行程快结束时，我们遇到数排枯死的胡杨树，沿着狭窄的裸露冲积扇伸展出数英里，它们都已倒伏，但多数呈双排排列。这一特别的景象，打破了一天来的单调。这些树似乎已倒伏多年，已经开始腐烂。很明显，这些树木是沿着侧翼的灌溉水渠生长的。这些水渠现仍可找见，但渠中已无水。可以肯定，这些水渠引的是山里流下的水。

我们现在到达的这个地点，不仅可俯视东面的巴楚麻扎塔格诸山峰，而且还可看到天山最外缘和叶尔羌河之间像岛屿样从平地突起的小山脉。这些山丘具有特别重要的地理学意义。1908年春我在从柯坪到巴楚的途中，曾经过其中的一些山丘。我那时曾沿巴楚的小山脉做了长时间的调查，但未发现古代遗存。据说拉勒塔格山麓有古遗址，由于它们可能和我努力寻找的"古道"有关，所以我首先的任务是要继续向东，找到那个遗址。巴拉特在12年前曾到过那里，他准备把我们直接带到那里，但这需要两天时间，而且途中无水，也不能肯定拉勒塔格的天然水池是否有水。

考虑到马匹在三天的行程中未正常地喝过一次水，所以，促使我转向东北，前往巴楚。幸运的是，沿天山外缘进行的调查足以肯定，山脉呈东—北方向，高度逐渐增加，连绵不断地通到了我在1908年调查过的柯坪南面的裸露山链。

因为要指挥我们的队伍，我未能参观 xvi 号营地东北6英里平原最西部的孤山脊。巴拉特和巴楚人都知道它的名称是希克尔瓦依。据说，因为在前一段当地发生叛乱时期，柯尔克孜人经常袭击通往巴楚的山口和大道，所以巴楚驻军指挥官常派巡逻队到那里，对其后面的山口进行巡视。希克尔瓦依山脊呈西北—东南走向，把另一座孤山与天山隔离开来，它同样受到了严重的侵蚀。

10月18日，我们越过平坦的冲积平原，在广布的低矮的红柳包间往东南方走了约1英里，遇见了用胡杨树干搭起来的两个已废弃的小屋。它们使我回想起1906年在比勒尔孔汉见到的类似的小屋，只不过后者保存得较好。因为附近没有牧草，所以这两座棚屋很难说是古道上的庇护所，还是牧羊人的栖息处。再往前走约8英里，便见到了小块台地，上有枯死的芦苇，其周围还在不断地被风蚀、减低。但当到达巴楚垦区北边时，便出现了活的芦苇和灌木丛。从此前行约4英里，便来到了加恩托拉小村。其后，我们骑行穿越了8英里有灌木覆盖着的荒地，便来到了阿由布·米拉卜院子里的老营地，它位于破旧的巴楚巴扎东面。

第二节　巴楚以远的古遗址和道路

我们在巴楚进行了短暂的停留，因为我们打算穿越塔克拉玛干沙漠，走捷径前往和田河岸上的麻扎塔格，所以必须在这里做一些仔细的准备工作。根据以前的考察经验，我充分估计到在穿越绝对无水的广阔沙漠时会有重重的困难和莫测的风险。我们刚走过的短途沙漠旅行，尽管较容易行走，但对我们的装备和交通工具来说，也是一次很好的锻炼。我决定尽量减少我们的辎重，除了必不可少的行李，其余物件都经叶尔羌的商道另外运送过去。同时，我还精减了随行人员。我从印度带来的6个镀锌的铁箱和40个奇特的羊皮囊已灌满了水，由健壮的骆驼来运输，我希望以此来克服缺水的困难。秋天已经临近，比我们从喀什噶尔出来时要冷得多，这种天气对于我们的骆驼进行长途快速行进和克服另一些困难十分有利。我们还推迟了几天时间，以找回走失的骆驼，把它们编入沙漠旅行队伍。

骆驼们得到了一次很好的休息，得到了巴楚附近地区提供的大量牧草。同时，装水的设备也由奈克·夏姆苏丁进行了彻底的检查和试验。我也得以有两天半的空闲时间去参观拉勒塔格山脉及它的古代遗址。10月21日，我雇佣了马匹和少量的劳动力，开始向东北方向移动，穿过了诺尔村。该村位于喀什噶尔河左岸，名称源自特殊的引水木槽。正如巴楚地区其他地方一样，穿过深切的喀什噶尔河的叶尔羌河提供了灌溉用水。我在以前已经提到过阻碍巴楚周围进行大规模耕种的种种困难：其一是因为灌溉系统落后，渠首离河流出口较远，河流一改道便只能废弃；其二是因为人们缺乏农业的才能，时至近期，所有的多浪人仍过着半游牧的生活，而且在许多地方仍继续如此。我在进入距此4英里的一片宽阔地带时发现了这些缺陷。近些年来，这里的农田已被废弃，长满了繁盛的芦苇和灌木。据说前些年这里曾供水不足，但我们认为缺水问题不是很严重，因为草地和果园中的小树仍生机勃勃。

名叫柯坪尧里的小路，是柯坪人穿过沙漠前往巴楚的常行之道。沿此小道，我们进入了一片沙化的原野。自从17年前灌溉首次延伸到现已废弃的边远的耕地，大量的胡杨树便在此生长起来。再往前走约9英里，只见到稀疏的红柳，其中许多已经枯死。当我们离开柯坪小道，前往拜勒塔格山丘中的一条山峡时，连红柳也不见了。我们在裸露的泥坡上走了约5英里，便开始见到规则的风蚀台地或我在罗布盆地已非常熟悉的雅丹地貌。它们一般高4~6英尺，方向在北—南和东北—西南之间变化。像1908年我在柯坪南面遇到的雅丹地貌那样，这个方向清楚地表明，这里常见的风向与遥远的罗布沙漠的风向较一致。

接着，我们来到了上述的山峡[1]。山峡宽0.5英里，峡底高出平原约150英尺，显系风力切割山体而形成。由此，我认识到风力在塔里木盆地地貌形成中的作用是多么的巨大！在山峡南边和山脉西南的背风面，流沙堆成了座座巨大沙丘，至少高出地表500英尺。山峡后面的山峰，高出沙丘约100英尺，处处像雉堞那样陡峭，被风侵蚀得遍体鳞伤，犹如我几年前在现代安西东墙、安西和桥子遗址上所看到的侵蚀现象。山峡里及附近未见沙子积存，原因是风在扫过平缓的沙砾斜坡时，带走了所有的已分化岩石细粒。但往南，不管是从东北吹积来的还是由侵蚀作用产生的沙子，都在背风面落积下来，堆积成固定的沙丘。据我们观察，此山脉略弯曲，呈西—东走向，也许这就是此地沙丘特别高大的原因。总而言之，我们没有找到巴楚东面和东北的岛样山丘是由风蚀而成的确凿证据。我将进一步地利用这里提供的证据，指出巴楚东面和东北的这个古代山脉，可能在巴楚附近穿过塔克拉玛干沙漠，延伸到和田的麻扎塔格。

令我感到惊讶的是，在距山峡2英里的地方，有一大片包括芦苇和红柳灌木在内的活着的植物，更奇怪的是还出现了一片宽阔的死胡杨林。在巴拉特的引导下，我们摸黑穿越这片林带，前

---

1 突厥语称山峡或山口为拜勒，拜勒塔格山脉的名称很可能源自于它。更南面的缺口，即拜勒塔格山和阿恰勒塔格山之间的豁口，因宽度太大，不能称拜勒。

往拉勒塔格的一个地点，因为他记得那里有一口老矿井，附近还有两个石水池。我们行走了约 28 英里，准确地到达了那个地点，但是发现天然水池中已不再有水。所以，我也没有执行从老路上的 xvi 号营地直接前往拉勒塔格的原计划。据说，名叫拉勒肯的现已废弃的矿井曾出产过宝石，拉勒塔格低山丘链便由此得名。

次日早晨，我们沿山村走向东南方山脉，像巴楚附近岛样的山丘一样，此山脉主要由带长石的沙石组成，层理几乎呈水平状。起初，仅在我们的右边有枯死的红柳包。在绕过距营地一个陡峭的小山岬后，便见到了几排枯死的大胡杨树。无疑，在它们之间约 1 英里，有一条沿着拉勒塔格山麓的古河道，是来自南方的古代喀什噶尔河的一条支流。它现已消失于吐木休克孤山南边及东南的沼泽地中。此胡杨林带顺着拉勒塔格山麓，一直延伸到它的近末端。其中，我注意到一棵大的老树上部仍呈绿色。从拉勒肯走了 7.5 英里后，我们到达了我们要找的遗址，它位于东南方风景如画的小深谷中。

据 1908 年阿由布·米拉卜交来的出于遗址的泥塑残件判断，这处遗址应是佛教寺院遗址。正如草图（图 41）和图 42 所示，其中心殿堂（iii）已完全毁坏，平面呈长方形，面积近 76 英尺 ×50 英尺。台基完整，高约 12 英尺。斜坡上有 48 英尺 ×26 英尺的小型建筑台基（ii）。台基的东北斜坡，邻接一座完整的土坯塔（i），塔基面积为 36 英尺 ×20 英尺。其灰泥雕塑残件，大多较小但都被焙烧过。从上承 iii 号殿的台基顶部及其西南边出土的泥塑残件的外表来看，

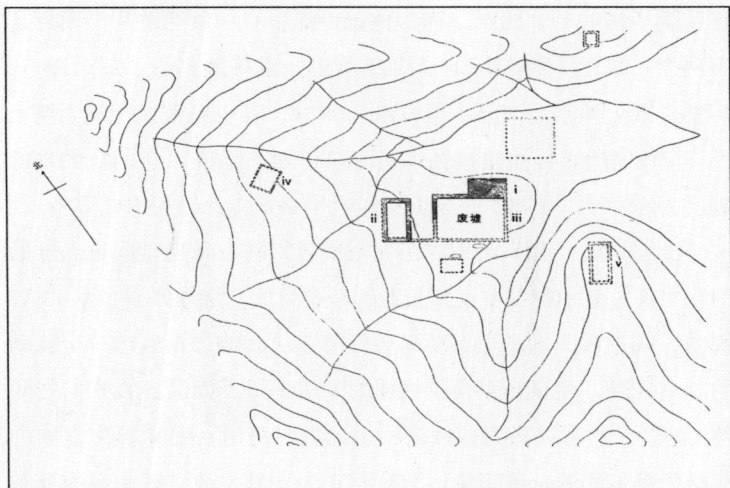

图41 拉勒塔格遗址

它们明显是佛教寺院的塑像和装饰，其年代约为唐代。我特别注意到其中一件保存很好的巨像头部的残件，也许是硕尔楚克、焉耆附近明屋（意为千间房——译者）遗址所见的一种浮雕横饰带的残件。根据暴露的泥瓦及当地"寻宝人"挖掘的大量洞穴情况来看，中心殿堂毁于火灾。中心柱东面的一处小建筑和其北面和南

图42 巴楚东北，拉勒塔格遗址上的遗存

面的两个小殿，也都毁于火灾，仅轮廓可寻。在 iii 号殿址以南约
30码的一块低台地上，有53英尺 ×23英尺的长方形建筑（Ⅴ），仅
存残墙和瓦砾，从东北角发现的废弃物来看，很可能是僧房所在。

　　考虑到清理该遗址，不但要安排劳力，而且还要运输足够的
用水，势将耗去较多的时间，因此我们只进行了快速有效的足

以体现基本要点的调查。调查表明，该遗址的年代与东南11英里的吐木休克山上的佛教寺院遗址差不多同时，其毁于火灾的时间，也同样是伊斯兰时期初期。很明显，既然在此有拉勒塔格遗址，其附近就必定有水。因为支流三角洲的小道和低湿地现仍伸展到吐木休克后面，其水只能取自喀什河的一条支流，这一结论已被在当地的各种观察所证实。我们已经提到过在前往拉勒塔格遗址途中所经过的来自西南方的古代河流，虽然我未能找到其河床，但我们从遗址前往阿恰勒塔格和拜勒塔格之间的山峡路上所见到过的死胡杨林带，就足以证明该河曾延伸到南面。同样，我们在路上所穿越的古代沟渠，唯有从南面，也即从吐木休克西面的地区引水，理由是从喀什噶尔河来的洪水及灌溉沟渠现仍流经该地区。

现在，检视1908年和1913年我们所记录的地貌调查材料，我们立即可以看到位于通往喀什噶尔的一条早期道路上的拉勒塔格遗址，具有特别重要的意义。1908年5月，我从柯坪前往吐木休克，在琼梯木古堡遗址周围找到了一大片古代耕地。它南距吐木休克16英里，现已完全废弃，变成了沙漠。根据我的观察，我认为这一地区的历史下限晚至唐代。有证据表明，有一条古代道路，自其兰附近直接通到这里，而现在的阿克苏—喀什噶尔大道则不在山麓。从地图上看，拉勒塔格遗址正位于这一短捷的古道上，于是吐木休克遗址北的拉勒塔格山和却勒塔格山之间的峡谷自然就成了最便利的通道，由此我们也就明白了为什么要在拉勒塔格山麓建筑佛寺。如同著名的乌库尔麻扎清真寺标志着阿恰勒塔格或乌库尔麻扎塔格山链南山嘴下通过的吐木休克和巴楚之间的大道一样，处在显眼位置上的这座佛寺，也表明侧旁有一条很常用的道路。

我们认为，从阿克苏到拉勒塔格遗址的古道，可能还向西南延伸，穿越由拜勒塔格及其南延的阿恰勒塔格或乌库尔麻扎塔格的山链。从地图上看，此道只有两条通道可行：一是上述的拜勒塔格山峡；二是穿过拜勒塔格南端与阿恰勒塔格北支之间的峡谷。阿恰勒塔格北支为低矮的阿拉奇石山嘴，我在1908年5月第一次快速搜寻的途中曾参观过这里的峡谷，查清了1877年大清帝国重新恢复对塔里木盆地的治理以前，从吐木休克到巴楚的大道从此峡谷穿过，我找到了当时保护峡谷的古烽火台遗址和另外一些防御工事，它们都说明在古代这是一条重要的道路。而现在经过乌库尔麻扎的道路在古时并未开通，原因是途中为大沼泽所阻挡，现在大沼泽已干枯，变成了恰尔巴格的土地。

我没有考察峡谷东边的沙漠，以前是因为没有时间，而现在则因为要从阿恰勒的"通道"回到巴楚。对此我毫不遗憾。从拉勒塔格遗址走2英里，我们经过了无数行的胡杨树，行间有干涸的浅沟，浅沟的走向表明南面来的水曾到达这里，即从喀什噶尔河来的水仍可到达吐木休克西面的地区。然后，在穿过有着稀疏红柳包的地带后，我们来到了一块裸露的风蚀黏土地，从这里再走1英里，便来到了覆盖着古代陶片和另一些塔提（意为有人类活动遗迹的场所——译者）遗存的小块土地。土地中央有一条古渠的堤岸，顶宽12英尺，由于周围土地被风蚀，因此高出现地表有5英尺。

低矮的沙包已占据了峡谷附近的许多土地，天色将黑，所以不可能查明塔提和1908年在峡谷东边找到的一处古居址的具体情况。在途中捡到的包括琉璃珠子和一枚铜戒指在内的小遗物，没有任何断代意义。但是陶器残片，无论是素面还是上釉的，都具有非常明显的古代色彩。很明显，这片古耕地顺着东南—西北的渠向排列，使旅行者可以顺着渠道向前穿过东南方裸露的干草原和低沙丘。考虑到包括需要给我们的牲畜弄一些水等实际问题，所以我决定沿着1908年我首次考察阿恰勒时所走的小道向巴楚方向回返。我们靠星星辨别方向，穿过了阿恰勒塔格北端附近的沼泽地，那里现已完全干枯，生长着繁盛的芦苇和红柳丛林。深夜时，抵达了有水的地方，即地图上所标的孤立的塔里布·哈吉小农场。次日早晨，我们顺繁忙的赶集大道抵达了巴楚（图43）。

在刚才描述的旅行途中，我曾计划对喀什噶尔河尾间以北的古道进行调查。但是，非我控制的环境使我不可能腾出时间，因此我希望在1915年返回喀什噶尔的途中通过寻找其兰和琼梯木之间的沙漠古道来完成这个任务。不管怎样，我现可以从以前的调查结果中归纳出一些结论。首先应说明的是，现在从阿克苏到喀什噶尔的大道，其中有一段从其兰到巴楚，绕得非常远。从远至其兰的阿克苏垦区的局限性（其兰是路边的小村庄，它从柯坪溪流的出口处才能得到少量的水）来看，现代大道靠近天山外缘低山丘陵的砾石缓斜坡，笔直地通向巴楚。但在其兰以后，大道转向南行。究其原因，是考虑到到达吐木休克附近之前，没有任何耕地，因此道路拐弯无疑是为了经过有水有草的地方。其间，亚

图43　去巴楚赶集

依德、雅克库都克和恰迪尔库勒是几个连续的停留地点，这几个地点既可以从喀什噶尔河尾端的地下水供给的水井得到水，也可以从夏季季节性洪水河床里得到水 [1]。

在洪水季节，今日通过雅克库都克和阿克塔木之间的近河丛林地带的大道易于被阻断。洪水阻断以及绕道路的麻烦，现都可以避免，因为现在可以从其兰直接穿过沙漠，到达琼梯木和拉勒塔格。只是沿线缺水，所以至今未被用作商旅之路。但从这两个地点的古代居住遗存来看，可知在唐代，缺水问题并不存在。这里还要提供一个证据，即我于1908年从柯坪河口走向西—南时，还看见了素克苏克协亥尔高塔遗址。此外，我的"寻宝"向导还提供了琼梯木和素克苏克协亥尔之间有两处古代丘堆的可靠消息。我毋需指出，琼梯木两边覆盖了许多沙丘，并已蔓延到停耕后的

---

[1] 亚依德水井里的带盐味的水，明显地源自戈拉阿金古河道。此河向南延伸3英里。正是根据同名的由地形学迹象证明的干涸河道的地方消息，我于1908年在吐木休克北面的沙漠里找到了古代遗址。

雅克库都克和恰迪尔库勒，并不荒芜，它们位于繁茂的胡杨林地带中。这里是喀什噶尔河的尾端的喀拉库勒吉勒伽洪泛区，其季节性有水的河道，似乎也叫喀拉库勒。

据说我们经过的阿克苏地区最南的戈拉乔勒村，在夏季洪水期间可从喀什噶尔河中引到水。整个喀什噶尔河三角洲，从现三角洲的头端巴楚附近，到戈拉乔勒遗址西南端，大部分仍未做过水文调查测量。这块三角洲很容易受到大的季节性变化的影响。对接近或邻近叶尔羌河的现在或过去的洪水道的调查工作，仍然是非常复杂艰巨的。

这块地方。但上面的沟渠至今犹可寻见[1]，沙丘之间，仍可见到大量活着的红柳包和灌木，尽管地下水层很深。

尽管有了琼梯木和拉勒塔格村的居民点，该地区未继续被废弃，但可以肯定，巴楚后面的喀什噶尔河的尾端现有的水量，即使用来灌溉一个村庄，也还是不够的。我们有充分的证据说明，在一千年前，那条河流曾干涸过。但不管其干涸的特点或原因如何，阿克苏—巴楚道的剩余路程还是从上述古遗址的西边通过的。

据找到的古代遗址，我完全可以推测，如同40多年前穿过吐木休克的现代化道路那样，从拉勒塔格来的古代道路曾延伸到阿恰勒峡谷及附近。但地貌以及我在叙述我从喀什噶尔出发的旅程时所讨论的那些考古学迹象可以说明，这条道路有一个分岔点。一方面，虽然巴楚是现代城镇，但古道仍可能向西南延伸到现在的巴楚附近。另一方面，地图显示，阿克苏和莎车之间最容易、最直接的岔道一定经常经过我们正在讨论的绿洲。现在的巴楚，在古代时可能没有任何大型居民点，因为详细记载西域的《汉书》和新旧《唐书》中均未提到在这一地方有过一个特别的领地。

不管怎样，从巴楚附近沿着喀什噶尔河两岸的通向喀什噶尔的道路，曾是一条方便的交通捷径，这是清楚的。但同样可肯定

---

1 我对南湖北面村落遗址的观察调查说明，邻近沙漠的流沙已扩展到曾经灌溉过的田地，速度非常之快。它们是在1804年以后才被废弃的，而且许多村是因当地发生叛乱才废弃的。

的是，像现代大车道一样，此道一定会被每年的夏季洪水所阻断。这些泛滥洪水似乎比现在更麻烦，因为大量事实表明，在我们所涉及的历史时期内，塔里木盆地的河流水量要比现在大得多。

我相信，沿山脉外缘低山丘陵外缘的古道，就像我在喀勒塔亚依拉克以后所走的道路那样，一定具有特别的便利之处，至少是在每年的部分时间内。从阿恰勒峡谷边缘向西穿越一片开阔的大草原，可以容易地走上这条道路，从而可避免洪水的危险。抵达我们xvi号营地附近丘陵外缘的旅行者，可以很容易地继续往前走，直到他抵达喀什噶尔垦区最东北的延伸处为止。即使在现在，大车沿此道可以轻易地到达喀什噶尔镇。此道的实际里程仅比沿河的南道多出几英里。

因为缺水，我们没有走需时三天的行程长约55英里的北道。但这种缺水情况在古代是不存在的，因为我们已经看到，在此地点被占据的时期内，喀什噶尔河水一定远流至黑大爷协亥尔遗址所在的山麓及往东更远的地方的迹象。即使在那些被我们忽视的古代居址，我们仍能找到表明在历史时期山丘本身已接受到更多的潮湿的证据。不时的排水，足以填满小山谷入口附近的人工水库和石水槽，使得沿着小冲积扇的成排的胡杨得以茂盛。由此，我认为，尽管当地人不太记得沿着巴楚以上的沙漠山脉的"古道"，但我们根据上面讨论的事实基础，可以确定从阿克苏通过琼梯木、拉勒塔格和阿恰勒的古代大道。

第三节　塔克拉玛干沙漠里的一条山脉

10月25日，我从巴楚出发，以进行我长期筹划的在东南沙漠里的考察工作。其目的如同上面简要说明的那样，是要尽可能地直接穿越塔克拉玛干沙漠，到达和田河岸上的麻扎塔格。除了取这条捷径是为了节省时间，以及被穿越这片人所不知的沙漠地带的冒险所吸引，还有一个原因是为了对特殊的地貌进行考察。1908年我们的考察表明，和田麻扎塔格山在地理结构上，与隔绝在巴楚东面的一座岛状山脉的残余有着密切的关系。我们已经探明，麻扎塔格从和田河伸入塔克拉玛干沙漠20多英里，走向与巴楚岛状山链的走向一样，呈东南—西北走向，它们的山貌也很一致。

作为古老山脉的一部分，斜插于塔克拉玛干沙漠的和田麻扎塔格与巴楚和柯坪之间最外围的天山形成近直角的夹角。上面说到的在拜勒塔格和拉勒塔格做的观察，证明了值得注意的一种现象，即正是经年累月的流沙侵蚀、堆积，才使巴楚以东的山脉成了沙海中座座孤立的岛屿。巴楚东南方沙漠中巨量流沙的积聚，足以解释我们推断的斜穿塔克拉玛干的古代山脉被打断的原因。但要提供明确的证据，尚需进行实地调查。

在高沙丘分布的干涸沙漠中深入130多英里，必定会遇到巨大的困难，我对此未存任何侥幸的心理。斯文·赫定的历险已足以证明此种风险之大，他在1895年4月底，从同样的地方出发，向东欲穿越沙漠，结果其队伍遭到毁灭性的打击，他本人也差点死于干渴和无力。为了避免可能出现的灾难，我着意选择了较寒冷的季节，可使人畜少受折磨，同时也准备了足够的用水，并尽可能地减轻牲畜的负担。

为了后一个目的，我尽力从巴楚租用了6只骆驼，以在穿越沙漠的开始阶段充实我们自己的12只骆驼组成的精良的后勤供应驼队，我也没有忽视加强我们人员的素质的好处。我相信，参加过我的所有新疆考察的可靠的驼工哈桑阿洪，完全能够照看好将要投入工作的牲畜。但除他之外，其他人都没有艰难的沙漠旅行经验。所以当和田河边的伊斯兰玛巴德村的猎手卡西木阿洪，应我以前发出的召唤，带着我的克里雅骆驼到达喀什噶尔时，我感到特别高兴。1900年我对丹丹乌里克进行考察时，我就高度评价和信任他所具有的勇气、方位感及真正的沙漠生存能力。在塔克拉玛干沙漠中进行的打猎和其他孤独的漫游生涯，造就了这位瘦弱有力、坚韧不拔的男子[1]。

从巴楚至大沙漠边缘的三天行程，不需要作详细的叙述。第

---

1 卡西木阿洪具有非凡的辨别方向能力，我要提到的一个例子是，在我们从叶尔羌河以南的沙漠山丘出发时，没有看过地图并且从未去过和田以西地区的他，就向我指出了到达和田麻扎塔格的一条近路的准确方位，自从离开家后，他经莎车和喀什噶尔进行了迂回旅行，总里程远超500英里。

一天行程是穿越被芦苇和灌木覆盖的平原，此平原把巴楚耕种区与叶尔羌河左岸分隔开来。在喀拉肯附近，我们经过了一片洼地，从这片洼地，洪水可到达麻扎苔格西北广阔的沼泽地，灌溉恰尔巴格的土地。离河旁我们的营地不到 1 英里的地方，我们穿过了一条名叫库达依亚的沟渠，在洪水季节里，此渠把水输往吐木休克西南的恰罕库勒沼泽，它转而成为东边村庄灌溉渠的一个天然水库。

10 月 26 日早晨，我们涉水过河，那里仅河床的水面就阔 55 码，最深处为 4 英尺，流速仅 1.7 英尺 / 秒。但据向导艾则孜所说，当洪水爆发时，河床宽近 1 英里，要不了一个月，水就会溢过南面高 16 英尺的陡峭泥岸，由此我们可想象夏季洪峰时下流的巨大水量。我们在大部分是芦苇地和繁茂丛林的草场里整整走了一天，欣赏了与麻扎塔格孤立山链的褐红色形成鲜明对比的金秋景色。巴楚麻扎塔格山高出河床近 1 000 英尺，西南坡和北坡上堆压着巨大的沙丘，与拜勒塔格山的情景非常相似。

从地图上看，库木塔格山是巴楚麻扎塔格山的直接延伸。赫定博士和我自己采集的标本表明，这里常见的含长石的石灰砂石和薄岩地层，与麻扎塔格完全一样，而薄岩地层是库木塔格的主要构造，这一事实证明了上面的说法。叶尔羌河从这两个相隔仅有 5 英里的山链之间通过，其显著特点是，它在莎车上方单独穿过平坦的冲积平原和吹积沙原，然后直接下流，直至罗布泊沼泽地的尾端。我在下面将涉及这里的河道和作为古代对角状山脉残余的最高的岛样山丘两者之间的起源关系。

我们扎营于库木塔格北面的胡杨小树林附近，周围是低沙丘和芦苇地。营地东面有一座陡峭的山脉，巴楚的多浪人称之为乔克塔格，其走向近西北—东南，从叶尔羌河伸展出12英里。两座山链之间的洼地，宽约4英里，大部分是宽阔的湖面，系每年泛滥的河水积成，名叫却勒库勒（意为沙漠之湖）。湖的南端最高，像赫定博士一样，我们把它作为沙漠之旅的起点。为了抵达此地，我们走的是湖岸与库木塔格之间的长条形平地。过了此地后，我们不无麻烦地沿着库木塔格东北端的支脉边缘，穿过了一连串仍留有去年夏季洪水的洼地。在此，重要的现象是，地表为一薄层完全风化的、暗红色含盐的小石片，下面为细沙。这种现象正好说明，持续的风蚀正毫不留情地侵削着古山脉的残丘。

离开河岸后，我们走的仍是一条大车道。沿着湖边芦苇地边缘，我们来到了库木塔格伸出的一条低矮但陡峭的山脊，其红岩和坚硬的硅砂石的碎岩中混杂着大量的岩盐。邻近的库木塔格山嘴看来也是同样情况。山边到处可见挖盐坑。该地名叫吐孜勒克（Tuzluk，盐地），有两处芦苇棚。我们继续前行，穿过了湖边干涸的洪泛地，看到变窄的湖南端，有一串潟湖，掩映于芦苇之中。

艾则孜告诉我们，一年前他在打猎时，曾在那里找到可以饮水的地方，于是我们在潟湖南面不远的红柳包中间扎下了营地，结果发现水的盐味太重，可能是去年夏季洪水未能注满这些潟湖的缘故。于是我们又不得不和骆驼一起往回移动，直到在6英里远的湖岸找到淡水为止。为备旅行之需，我们在那里把水箱和皮囊都灌满了水。因为湖水很浅，为了取到清水，人们只得老远地来回涉水。把从鲁尔基第一矿场带来的6个镀锌铁箱及42个羊皮囊都灌满水，并把它们装上骆驼、绑稳，这些工作整整花费了我们一天时间。

10月29日，我们把一些沉重的小容器进行分装、捆扎，耽搁了一些时间，随后我们就向东南进发，穿过了以前曾是湖端但现已干涸的长3英里的盐碱地。然后，我们遇到了第一批沙丘，它们不规则地排列于平地上，表面覆盖着大量半死的芦苇和灌木丛，此地长约3英里，很明显以前曾是近河地带。再往前走，沙丘更集中，并升高到30英尺或更高的高度。在它们之间，出现了稀少的活红柳，甚至在一片小洼地里，我们还发现一小片小胡杨长于沙地之上。它们的出现，表明附近可能有地下水。于是我们把营地驻扎于此，并向下狠挖了4英尺，达到了地下水层。次日早晨，我们继续行进，发现沙丘急剧升高，沙丘更集中了，每个沙丘都有规则的南—南西的凹面。我们很快就遇到高度达200~300英尺的连绵不断的巨大沙梁，走向一律近东北东—西南西向。其沙脊线正好与我们所要去的方向形成一个大夹角，因此我们须不断地爬坡、下坡，这对人和骆驼来说真是一种折磨。

不久我就明白，这些沙梁的统一走向表现了一种自然规律，即塔克拉玛干的流沙成线状堆积，与附近的大河平行，这种规律还体现在我以前考察过的楼兰西面、克里雅河流域以及其他地方的沙漠中。但也应注意到这一规律在不同地方体现出来的差异。我以前穿越的高沙丘地区，沙丘的顶脊长度不一，相对分开，所以沙梁上多出现低矮的鞍部或肩部，对于负载的骆驼来说，翻越这些沙梁就相对容易一些。而在这里，沙梁连绵不断，使我们不能直接翻梁，而只能绕着走，也只有到了沙梁之间宽阔而平坦的谷底，才可以使骆驼缓和一下。

现在所走的地带实在难行。不走沙梁是不可能的，因为哪里都没有明显的鞍部或缺口。我们曾试图沿着沙脊顶部行进，以多走路的方式使负载骆驼避免受到经常上下坡的折磨，但这是徒劳的，原因是这些沙梁的顶部毫无例外地是由巨大的沙丘组成，其阴面非常陡峭，因此骆驼不可能绕行或横越。在洼地或谷地中行进，也并不轻松，因为沙梁较高，因此谷底和沙丘几乎混在一起。开始，在 xxvi 号营地和一小片活着的红柳丛附近，谷底还有几小块风蚀平地可以穿行，分别有 4 英里和 5.5 英里。但过后，即使在沙谷里也难以找到平坦的地方，负重的骆驼行进速度极为缓慢。在到达 xxvii 号营地前 2 英里的地方，我们沿途做了仔细的水平测量，表明在这里爬行 350 多英尺比平地上走 1 英里还要费劲，而下坡对负重骆驼来说更为艰难。我们还按平均时间做了类似的测量，结果表明，我们所走的实际路程比地图标示的直线距离要增加 30%~40%，因此每天结束前，骆驼总显出筋疲力尽的样子，是不足为怪的。

但最终有个非常重要的发现等待着我们。当我们下坡走入一个比我们刚翻过的达坂顶点低 250 英尺的走向为东北东—西南西方向的沙谷时，我注意到从一条沙丘的一面露出一块风蚀黏土台地的边缘。这块雅丹状的台地的陡峭面，有一条风蚀出来的窄沟，深 50 英尺，沟底有几棵活着的小植物。正是在这个地方，夜间归来的卡西木阿洪，向下挖了 5 英尺，便成功地挖出了极其稀罕的水。更远处出现的同样硬度的窄条灰黏土，诱使我沿此谷底向东走了约 1 英里。不久，我们在此裸露的土地上，捡到了小块石头，有些仅是自然块石，有些则是使用过的石器，和我 1906 年前往楼兰遗址途中在罗布沙漠见到的大量小石器相类似。这些标本，将放在下面的目录中进行描述。我认出俾格米类型的石片和几件石核，其余为人工敲砸出来的不规则的石块。

这些散见于沙丘间的小块风蚀地表的旧石器时代遗存，清楚地证明，这块现无生命的沙漠曾经是旧石器时代人们的居住地，此地离最近的叶尔羌河床有近 30 英里。考虑到该地逐渐向昆仑山的缓斜坡升高，我认为史前时期的叶尔羌河不可能流到这么南的地方。根据我将在下面讨论的古代山脉残余和现代河道之间的关系，叶尔羌河曾流至库木塔格和乔克塔格南麓附近的可能性不能一起排除。在最近的地理冰川期间，塔里木盆地可能会得到潮湿空气，这就是为什么在这个地方会有早期石器时代的遗存。与此有关的是，在叶尔羌河南面的沙漠，也就是在却勒库勒南端和以前描述过的黄土地上的 xxv 号营地之间捡到另一件石器，是一枚制作精细的石箭头，它无疑属于新石器时代，年代更晚。

图44 塔克拉玛干 xxvii~xxxviii 号营地之间的高沙梁

10月31日，我们向东南方继续前进，所经沙丘更加险恶。6座难以应付的沙达坂，足高出旁边的沙谷300英尺（图44），我们须连续翻过它们。沙谷里除有几小块黏土地外，正被沙丘挤迫得越来越小。只有一个地方非常特别，使艰险而单调的沙海有了一点变化。从 xxvii 号营地起，我们在第三座沙达坂两边的沙谷里，看到地面大多呈黑红色，它们和巴楚东部沙漠里所见到的一样，是石灰质砂石被风化后造成的。如前所述，库木塔格东北麓沙质缓斜坡的表面，尽管剥蚀程度没有这么严重，也出现过同样的情况。我认为这个地方是一条山脉的残余，是没有什么疑义的。此山脉整个埋于流沙之中，有些地方露出了风蚀的顶部，它还延伸到和田麻扎塔格或更远的地方。从地图上看，在这里的沙丘斜坡下的岛状岩石，正处在与库木塔格至和田麻扎塔格的方向上，而且位于和田麻扎塔格、乔克塔格中脊以及巴楚麻扎塔格最高处的连线以西，距连线仅2.5英里。

那天途中在巨大沙丘上不断地上上下下，把骆驼折磨得筋疲力尽。租用的两只骆驼已完全耗损，其余的骆驼也有很大的麻烦。但至最后一个营地时，它们的负担减轻了许多，我们让所有的骆驼喝了个够，并吃掉了我们携带至今的三包草料（干苜宿草）中的一半。很明显，我们不能再依赖于它们的帮助。我感到更焦虑的是行进速度非常缓慢，10个小时才步行了11英里，若按直线距离计仅7英里。那天傍晚，我们停留在一条高沙丘的宽顶上向前看，感觉到这里与麻扎塔格所在的和田河之间的直线距离不下于100英里。假定我们的骆驼以后能保持今天的行军速度（这一点哈桑阿洪和我都感到怀疑），那么我们需要耗费两星期的时间才能到达那个有水有草的地方。根据赫定博士向北走的经验和卡西木阿洪报告的和田麻扎塔格周围沙漠的情况，可以肯定在到达那条小山脉前不可能有好走的地方。其中最糟糕的是，不管我们多么小心地确定方向，仍不能肯定是否会找到推测中的那座向西北方向延伸的低山丘陵。以前的经验告诉我，只有靠罗盘沿着高沙丘中间的一条确切道路走才有找到它的可能。

随后我焦急地考虑了一个夜晚。我意识到，如果坚持要翻越难以征服的沙达坂和沙丘，势必会使牲畜和装备遭受严重的损失，耽搁我们对重要的新地貌的考察，这是得不偿失的，看来我将不得不放弃这一计划。直到次日早晨，我才痛下了决心。我自己爬上了营地旁边最高的沙丘，戴着我的眼镜向东方的地平线仔细地扫视，目及之处只有难以对付的茫茫沙丘，其景色犹如突然翻腾起来的滚滚巨涛。向远处伸展的沙丘紧密相连，其间很少有风蚀或易走的沙地。太阳升起，远处折射的沙梁的虚幻景象随之消失。

这次极目眺望未能给我带来任何希望，我突然产生了茫然无措而难以支撑下去的感觉。我感觉到，虽然通过最终的挣扎，我们也许能平安地幸存下来，但我们冬季考察所依靠的骆驼将遭受严重的损失，从而危及我们的考察工作。若向正东方向行进，与沙达坂保持平行，直插和田河，可能会减少一些困难或路程。然而这样走势必会重蹈赫定博士的覆辙，不能带来任何的益处。所以除了转弯取道叶尔羌河前往和田麻扎塔格，别无选择。这是一个困难的决定，因为我要说服与我一起共患难、同冒险的这帮队员。但是，经验证明，必须及时服从需要。次日，秋季第一场大沙暴来临，但最讨厌的还是严寒，人们在烤火时即使加足柴火也还感到冷。冰冷的寒风持续了几天，即使躲藏于高高的沙丘之间也无济于事。要知道，我们携带的燃料很少，仅由一只骆驼负载着。

根据已经显露的重要地貌，我们应该努力通过把乔克塔格和和田麻扎塔格分开的沙海，去寻找风蚀的低山丘陵。现在我认识到可以从后一地点去做这一尝试，当然，这只能靠双脚，而不是靠飞机。从和田河前往麻扎塔格山，头20英里相对而言是容易行走的。尽管1908年拉尔·辛格勘测的和田麻扎塔格高度不大，但我们站在它的顶部，可以顺着它的走向向前搜寻到任何孤立的岩岛。从那里再向前穿过60英里的困难地段后，就可看到乔克塔格的顶部，从而为剩下的沙漠旅行提供安全保障。1月和2月是能见度最好的季节，也适于用冰的方式运水。

在此我就地质学方面做几点归纳。我推测，古代低山丘陵曾呈对角线状地斜伸于大盆地，但它多被塔克拉玛干沙漠覆盖，仅西北端和东南端露出于大河附近，这不能说是因为碰巧。很明显，大河附近有一定的水汽，两岸有宽阔的植物地带，不可避免地挡住了流沙的堆积，所以风蚀在这里的作用就要小得多。从风向来看，流沙主要在河道的背风面。我观察到的所有风蚀地貌，从罗布沙漠到巴楚古老的横断残丘，都说明塔里木盆地的主要风向是从东—北或东—北东到西—南或西—南西。根据这一事实，也就容易根据地图弄清为什么近乎南北流向的和田河只保护了河西的古老残丘，从而也就可以充分地解释为什么麻扎塔格在河左岸14英里的地方幸存下来。

让我们把注意力转回到叶尔羌河附近的低山丘陵地区，我们发现那里的情形有些不同。在此叶尔羌河河道的总方向接近从南243°西到北63°东，或大概地自西—南西到东—北东，从而与平常的风向近乎一致。如果考虑到临河植被地带的宽度（由于临近喀什噶尔河，叶尔羌河左岸或北岸的植被带特别宽阔），叶尔羌河两边的山丘肯定受到了保护，受流沙的侵蚀较少。但这种保护在左岸更有效，因为那里有喀什噶尔河尾闾补充过来的水汽，植被带更宽阔。从地图上看，左岸的巴楚麻扎塔格高而宽阔，而居于右岸的乔克塔格和库木塔格则明显低矮、单薄，这一地貌事实和我们理论性的推测非常一致。与上述理论更一致的是，我们发现巴楚麻扎塔格北面及东北面孤立的低山丘陵较为低矮，而且离喀什噶尔河临河地带越远，高度就越低。所以，拜勒塔格比它延伸出去的乌库尔麻扎塔格明显低矮得多，受到的侵蚀更严重。拉勒塔格也比吐木休克附近的山丘要低矮。可以得出这样的解释，即晚期的地质变迁，与天山或柯坪塔格最外缘近成直角的古代低山丘陵，已近乎消失，仅剩下希克尔瓦依山丘还可见到。

　　我未受过系统的地质学训练，我只是有保留地作出这些推论。但我可以声明，至少我所应用的推论方法是可靠的（这一点已由瓦尔特教授的研究所证明，对人们了解沙漠地貌演变史可以提供一些帮助。我可以说，各个时期整个塔克拉玛干沙漠主要的地貌变化是古代低山丘陵的逐渐消蚀。气候的变化也许会延迟或加快这种进程。但即使塔里木盆地变成了现在这样的与海洋隔断的巨大无水区，其基本情况也如此。

这一推测性的解释诱使着我们去寻找比和田麻扎塔格更远的、延伸到东南方的古代低山丘陵。我已经注意到其他地方的情况。尼雅河尾闾著名的朝圣地——依曼·贾法尔·萨迪克麻扎，就坐落于一座被沙丘包围的低矮孤山丘上。此山脊丘平顶，其带盐性的岩礁上覆盖着碎岩。我后悔未能采集碎岩标本，致使山脊的地质构造至今仍不清楚。但这一剥蚀裸露的岩岛就位于拜勒塔格和乌库尔麻扎塔格连线的东南延长线上，只在巴楚麻扎塔格及和田麻扎塔格的连线北面一点。难道这里就没有斜穿塔克拉玛干的同一古代低山丘陵的最后残余？它会消失在这最后的地区？

据两个麻扎塔格和依曼·贾法尔·萨迪克山丘各幸存于大河西岸的共性类推，就会进一步地提出这样的问题：在克里雅河西相应的位置，即在恰勒乌格勒和尧干库木之间的位置上是否可以找到这个古代低山丘陵的残余？我在1901年和1908年在克里雅河的这一地区旅行时没有搜寻过类似的遗迹，对此深感后悔。但如果说像尧干库木这样特别高的沙丘下压着已遭侵蚀的矮山丘，我不会感到吃惊，这可说明克里雅河尾闾正是在尧干库木。

第四节　通过和田的麻扎塔格

穿越塔克拉玛干沙漠直达和田麻扎塔格的意图受阻，我决定顺着叶尔羌河和和田河赶往那里。从那些难以对付的沙达坂回返

图45　乔克塔格山北麓的叶尔羌河岸

的第三天，我们到达了乔克塔格东翼，那里是一片裸露的砾石戈壁，处于山丘和东面的大沙梁之间，很容易通过。我们走近沙丘时遇到了暴风雪的袭击。然后，穿越乔克塔格的最后支脉，我们到达了其干乔勒村民常去的水磨坊附近的叶尔羌河（图45）。其干乔勒是前往吐木休克方向的路边的一个大村庄。我们在那里涉水过河，并在左岸的茂林中长途跋涉了一天。我们幸运地从其干乔勒的草地上购得了马匹，这样我们就可赶上测量员的驼队。经过三天急行军（11月5—8日），我们穿过了以前调查过的林带，到达了阿克苏垦区的西南缘。

从托什干乔勒的 c.xxxi 号营地出发后，我们进行了三天行军，穿过了叶尔羌河边宽阔的大部分是野生白杨树的林地。向导所引的小道并不好走，只有几处地方靠近蜿蜒的主河床。但我们在喀帕加依那克和柯坪萨特马附近的营地，可从阿尔帕阿金的大河中取到水。此河在夏季洪水季节可得到叶尔羌河注入吐木休克南面大沼泽地的多余之水，它在阿恰墩沙山上方与叶尔羌河主河重新汇合。在克孜尔吉亚拉特，我们经过了由从阿克苏阿巴德（应为今阿瓦提县——译者）地区来的几户多浪人家开垦的一小块耕种区，甚至在河旁的牧草地上还能见到属于阿克苏"巴依"（Bai，意为富人、地主——译者）的羊群。

到阿恰墩以后，活着的胡杨树就变得很稀罕了。尽管有一条干河道与经过此地的河流相接，但许多干枯的树木和红柳包表明，该地区已很长时间没有得到水源的补充。又经过31英里荒芜的无水地带，活着的植物又变得常见起来。最后，到达了帕拉斯耶普提的缓慢流水的河道，据说它是从喀什噶尔河的喀拉库勒支流的尾端获得水源的。一年半以后沿着阿克苏—吐木休克大道所做的调查表明，这一河床实际上是喀什噶尔河的最后方向（流向）。随后我们向东北方向行进，经过了几块废弃的耕地和低湿之地，于

11月9日早晨抵达了戈拉乔勒村，这里的土地广阔但耕种不佳。它位于阿克苏地区阿巴德县的最南部，其灌溉水来自阿克苏河。该村居住着懒惰的多浪人，他们在现代才开始农业生涯。该地的资源较贫乏。地区官员们未料到我的到来，没有做出安排。所以，我为了加快行军速度，向和田河推进，要求寻找马匹的愿望难以实现。

幸运的是，1908年以后，和田河的尾间发生了很大的变化，从而缩短了我们行程。从亚勒古孜库木，和田河流转向西北，进入了以前可能是三角洲的一条干涸的古河床。这一变化，使我们可以在11月11日直插戈拉乔勒的南东南方向，仅用一天时间便到达了和田河的尾间，再用不着绕道阿克苏河和叶尔羌河交汇处的老路。在阔恰特里克，我们找到了一只渡船，渡过了叶尔羌河。穿过一片红柳覆盖的约10英里长的旱地，我们发现那里有许多长有红柳树的干河床，其走向表明，叶尔羌河的河水曾流入这些河床。再走6英里，经过最近由和田河洪水冲出来的深沟，到达了宽近1英里但非常干硬的新河道。不管怎样，像和田河的其他地方一样，只要在陡峭的河岸下挖个坑便可得到水。次日，我们沿新河道走了28英里。新河道本身又集中地分出几条支流。然后我们来到了亚勒古孜库木。正如1908年的调查那样，它偏离了老河道。新河道流经的大部分地方只有稀疏的灌木，只有在其尾间才开始有芦苇，这证明了1908年我穿越沙漠前在克里雅河尾间地带，获得的有关三角洲的变化致使植物生长缓慢的认识。

　　离开亚勒古孜库木时，我吃惊地发现最近阿巴德的几个牧羊人开垦的一小块铁热热伽（Terelgha，意为耕地——译者）。我们沿着1908年曾走过的通向和田河的"道路"前进。许多地方河道宽达2英里，变化不是很大。至麻扎塔格的长途旅行需时四天，需忍受零下34华氏度的低温、刺骨寒风和灰暗多尘的恶劣天气。11月16日，我们宿营于达隆萨特马附近，尽管那里仅高出河床220多英尺，但可看见西南大沙丘上矗立着三座孤立的山丘，它们显然是斜插于塔克拉玛干沙漠的麻扎塔格。卡西木告诉我们，伊斯兰玛巴德和塔瓦克勒的村民，常去其中的一座山丘开采燧石。

　　尽管1908年已对麻扎塔格顶上的遗址进行考察并作了描述和说明，但我还是在11月17日这一天进行了新的调查。卡西木阿洪在喀什噶尔加入我们队伍时曾告诉我，在我访问过他所在的伊斯兰玛巴德村的"寻宝人"后，在废堡周围的盗掘活动便又恢复了，对此我并不感到吃惊。他们没有发现所要寻找的宝物，只得到了类似我从小堡垃圾中大量挖出来的那些小器物的物品。这些小器物在小堡外面的大面积垃圾层中还有很多。我可以确定无疑地说，它们与我1908年的那批东西同地同年代。其中有大量的吐蕃文木简；小片的吐蕃文、婆罗米文、回鹘文文书；一张木弓和箭杆的残件；陶质印章；角梳和木梳；钥匙；其他木质杂器；绳鞋。除了这批有明确出土地点并类似我1908年发现的古物，从这座唐代古堡的垃圾中，还出土了几件如还愿泥饰板那样的小器物，如一尊坐佛和小型泥塔，它们应是从一些废殿中发掘出来的。我还要补充说明的是，它们正是我上次考察中未能找到而感到失望的佛教圣地的遗物。我寻找这些宗教遗物的根据或启示是，"麻扎塔格"的名称、山丘东边的伊斯兰教圣墓以及这样的遗址往往是古代崇拜地的延续。

正如在巴楚安排的那样，伊斯兰玛巴德的有知识的地方头领穆罕默德伯克，带着同一地点挖出来的少量东西，正耐心地在麻扎塔格等待着我的到来。我带着这些遗物，考察了遗址后，很快发现这些小件杂物出于古堡西北墙下和外院里的垃圾层中，这些垃圾层的面积比我1908年清理的垃圾层要小得多，但确实是同一地点。因为斜坡上覆盖着被强风吹刮上来的小块石头和鹅卵石，盖住了这些垃圾，所以它们在以前未被人发现。

另一个地点的挖掘虽没有出土什么东西，但还是具有一定的重要性。1908年我已经肯定古堡外面的大院是马厩（或畜舍）。厚厚的粪层并未能阻止托克塔阿洪这个伊斯兰玛巴德村的"塔克拉玛干人"和真正的"寻宝人"来此挖掘，他沿该院的东北墙内挖了一条宽6英尺、深10英尺的沟。这条沟，除了说明马粪堆积层的厚度，没有出土任何遗物。但它表明，现高6英尺、约4英尺厚的外围墙建于4英尺厚的坚实的马厩粪层上，说明在这个吐蕃堡垒建造前该丘顶已被占用了很长时间。同时托克塔阿洪的盗掘使我找到了解释一些疑难现象的证据。我在院子里注意到了一场大火的迹象，但在堡垒内我未能找到火灾破坏的线索。卡西木阿洪解释，正如他在"乌格勒"（Öghil，意为羊圈——译者）或牧羊

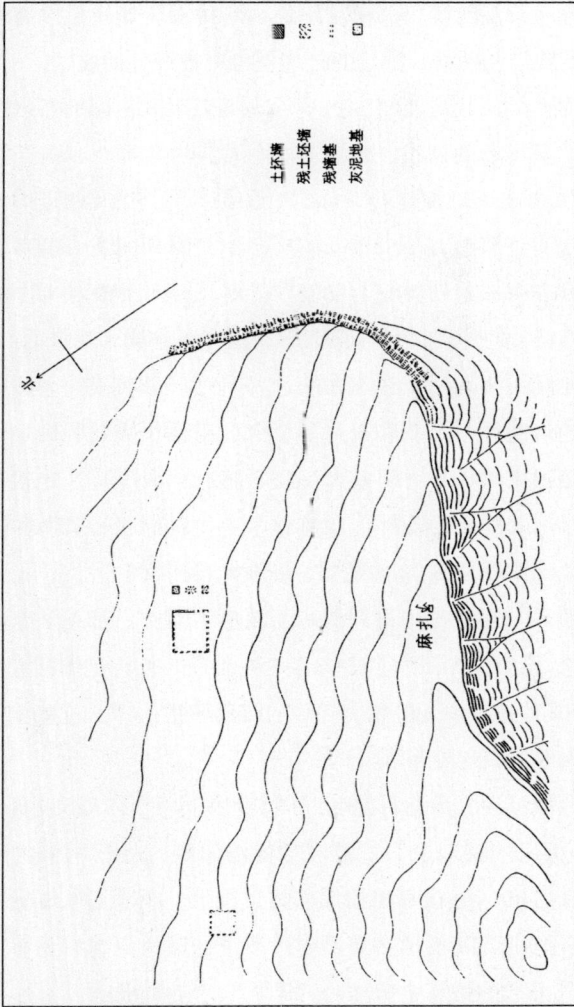

图 46　麻扎塔格伊斯兰墓地的寺庙遗址

棚的粪堆所常观察到的那样，下面成块的炭化粪块是慢速燃烧而形成的，我们看到庭院围墙的砖坯也带有被烧过的痕迹。

不管怎样，我对陡峭、狭窄、东面直下到河岸的石山嘴的考察得到了最重要的回报。那里有一处伊斯兰教圣人麻扎（图46），距城堡约50码，地面比城堡低约100英尺，上面有两道旧木头围栏，并插有许多缠有不少布条的杆子。1908年时我未能对它进行调查，现在我注意到斜坡上覆盖砂石片，掩盖了距麻扎约68英尺的一小堆低矮的垃圾。经仔细清理，露出了木梁和成排的红柳棍，说明它是用木头和树枝建起来的，并且已严重破损的一座带围廊的小型建筑遗址，与我在丹丹乌里克、喀达里克及和田地区其他地方发掘出来的佛教寺院极为一致。我们在清理时，还挖出了雕刻得非常精美的木尖饰件，与喀达里克发现的那些遗物相同。几件硬面的纤维质石膏，原覆盖于一件帆布衬背上，肯定是灰泥浮雕的残块。从垃圾堆中捡到的彩绘泥塑小残块，都是从壁画墙面垮落下来。因曝晒而严重褪色的一块木头，也许是镶板残件（图47），和其他遗址发现的精美优雅的雕刻风格一样。这些少量的遗物无疑属于佛教寺院用品。

从地袱可量出佛寺的大小为13英尺8英寸×11英尺2英寸，东墙宽5.6英尺。墙边遗有三尊泥塑像的像座，处在两侧的两个像座均为长方形，处在中间的像座为半圆形，对角各长2英尺。此建筑在我1908年考察前一定遭受过严重的风蚀，但有足够的理由相信，其最后的破坏是后来的"寻宝"活动造成的，上述提到的

图47　镶板残件

卡西木阿洪带给我的坐佛还愿饰板和其他小文物都是从此挖走的。该地点出土的遗物很少，足以证明它一直一座佛寺，其年代与吐蕃最后占用该堡垒的时间（公元8—9世纪）同时。与中亚其他地方常见的现象一样，这些遗物的主要意义在于它们提供了该地由佛教崇拜地转化成为一处伊斯兰教圣人麻扎的直接的考古学证据。

在此，我顺便补充一点，这座低山丘陵的红色地层主要由石灰泥和雪花石膏组成。在废堡的山顶，风蚀把这种地层剥露得清清楚楚。我们发现这种地层的走向是从东南至西北，略向西南倾斜20°，与巴楚东北低山丘陵上观察到的地层方向非常一致。其斜坡上风化的石片也使我回想起库木塔格及我第三次沙漠考察途中在乔克塔格东南看到的细红的碎岩。从总体特征来看，和田麻扎塔格和巴楚东北的低山丘陵有着密切的关系。

我原想在1908年的调查基础上，更深入地进入沙漠，以调查麻扎塔格低山丘陵在西北方向的延伸。但由于人和骆驼在长途急行军后，已经筋疲力尽，我不能不让他们在这里花一点时间做一些基本的休息，我不得不放弃这样的计划。我让调查员穆罕默德·亚库卜和骆驼走在我们后面，从喀拉喀什河和玉龙喀什河的交汇处，沿着一条地图上未标的沿喀拉喀什噶尔河通向喀拉喀什镇（墨玉镇）的道路向前推进。我本人则和其他队员从1908年所走的捷径急赴和田，在4天内走了近120英里的路程。在经过伊斯兰玛巴德村和塔瓦克勒的边远绿洲后，我注意到耕种区很宽阔，说明自从我1900年和1908年访问那里以后，人口有了大量的增加。

在伊斯兰玛巴德村，我派阿弗拉兹·古尔去调查有人报告的玉龙喀什河东面沙漠中的遗址，其调查证明这些遗址与我1901年调查过的热瓦克遗址以及玉贝库木遗址是一致的。在热瓦克寺院附近东北60码的地方，因沙包移位，露出了以前未曾调查过的建筑，面积约48英尺见方，可能也是一座寺院遗址。遗憾的是，其墙壁已被侵蚀殆尽，详细的情况已不明。11月21日，我回到了和田的老营地，惊喜地发现马继业先生刚从喀什噶尔出差到此。

第四章

从和田到罗布泊

第一节　来自和田各遗址的遗物

由于种种原因，我得在和田镇做一短暂的停留。其主要原因之一是为我的大队人马准备冬天的给养，并为明年春天到达甘肃之前的所有活动筹足所需的银两。其二是经过艰苦的沙漠考察后，人马均已疲惫不堪，需要休整。我在那里停留了6天时间，从我的老朋友巴德鲁丁汗、印度和阿富汗商人的阿克萨喀勒（字义为白胡子，引申为首领、头领——译者）以及由他派出的"寻宝人"那里收集到了不少古物。这些古物来自约特干及和田绿洲附近的沙漠遗址，在特征上与我前几次考察中在这些遗址所得的那些东西相似，同时我在《古代和田》和《西域考古图记》中已对我采集的古物进行了充分的描述，并配了插图，所以，我在这里大概说一下这一次的收集情况就足矣。

我要说明的是，被带到和田出售或从塔克拉玛干人那里得来的这些古物，都未落实到具体的遗址上去，但只要把它们与我发现的有具体遗址名称的古物进行比较，就能大概地判断它们的来源地。总体来说，下列名录上的几大系列古物的分布地点是正确的，完全可以接受。

尤其是成套而有趣的古物，多是红陶，据称它们都来自和田古国的都城遗址约特干，因此它们的小件号最前面都是遗址名的缩写符号"Yo."。小陶像和装饰性陶器和我以前在该遗址上获得的那些非常相似。在下面的名录中，我们把它们分成特定的组别来进行叙述，以便与我在前几次的收集品以及霍恩雷博士已详细描写过的同类器物进行比较。在完整或残碎的容器类中，特别要提到的是以下一些器物：精美而又完整的形似香客瓶或萨米安器的红陶瓶（图48）；安上了一个现代把手的大型带柄陶罐（图49）；有狂饮者及酒囊或来通（Rhyton，古希腊的角形饮杯，下端有兽头饰——译者）贴饰的残陶片，无疑属犍陀罗类型；带有精致的美洲蒲葵装饰的器耳；带有人头贴饰的流嘴。在贴饰陶片中，较值得注意的是：打磨光亮的怪脸；体现叶饰变化发展的几块陶片；怪异面具；带有鼠头饰的陶片。在红陶人头塑像系列（图50），既有男性头像，也有女性头像，其中有几件的发型十分有趣。在动物陶塑中，骆驼和马保存较好，有些还带有骑者和货物，有一件

图48 红陶瓶

图49 带柄陶罐

表现的是一只猴子骑在骆驼上，制作得十分精巧（图51）。带翼马
和另外的怪兽大部分装饰于红陶器把上，其中有几件造型非常奇
特（图52）。与以前的收集品相似，猴子的表现常常是怪异或戏
剧式的，而且数量较多。此外，有几个小佛像非同一般。上有坐
佛像的5块还愿饰板的残片，因为质地较软，而且装饰图案与麻
扎塔格的同类古物非常相似，因此它们是否真正出自约特干遗址，
颇值得怀疑。

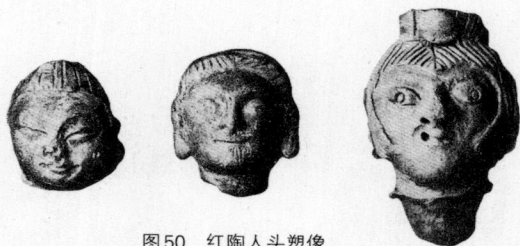

图50 红陶人头塑像

图51 动物陶塑

图52 造型奇特的马

现在让我们来说一下从和田得到的其他各种古物。我要说明的是，那些标有"Kh."的古物是我在和田停留期间获得的，而那些标着"Badr."的，则是巴德鲁丁汗获得并于1915年6月在喀什交给我的。至于前者，可以有把握地肯定，其中的大多数红陶和另外一些陶器来自约特干。同时，另一些器物，包括大部分易受潮的木质、灰泥（石膏）质等材料制成的器物，是在和田绿洲后面的一些古代风蚀遗址上采集的，我在前几次寻找塔提的考察中就对它们已经非常熟悉。特别要提到的是金属、石头和玻璃质的印章，滑石佛像浮雕和大量的珠子。其中，假宝石珠子和玛瑙珠表现出特有的装饰技术。一些玻璃珠的处理方法也非常有趣。定居在和田的美国绅士毛尔多瓦克先生又及时地补充了一些金属印章、钱币和一个大泥塑佛像头（图53）。其中，佛像头可能是来自类似阿克铁热克的遗址。对于他们所提供的这些珍贵古物，我谨表示感谢。

1915年巴德鲁丁汗带来的大量古物中，有一些他已说明出处，但由于它们没有什么特色，所以在喀什噶尔收到这些古物时我也未能检查其标记是否正确，在下面只说一下它们的来源情况。这些古物大多是红陶器，特别要提到的是面具、双面模制的舞蹈人物、饰有精美的拜占庭式葡萄卷叶的陶片以及泥塑像中的浮雕头像残片和佛像饰板。各种泥雕残片的风格和烧制特征，与1906年我在阿克铁热克发现的一些泥雕非常相似。不同姿势的乾闼婆塑像较常见。较有趣的小件金属物有：青铜勺和青铜器柄；或许是

图53 泥塑佛像头

用于礼仪场合的小件青铜鹤嘴锄；青铜印章；古典式的带柄小酒壶。据说来自托克拉克麻扎的木雕尖顶饰或光轮，也许属于将要提到的遗址。

由巴德鲁丁汗带来的四套和田小古董已单列于所谓的有出处的器物之中。标明来自恰勒马喀赞和喀拉萨依的泥雕残件，其特点和特别硬的白灰泥（石膏）质料，与我在1908年从这两个遗址发现的泥塑完全一致。具有中国风格的上有浅浮雕纹饰的精美青铜瓶，据说来自恰勒马喀赞遗址。几件浮雕残件，据称来自瞿室·伽山的古代圣地库赫马里遗址，没有对照物，因此其来源的说法不能被验证。但不管怎样，特别值得注意的是其出处，因为它们可能是玄奘曾提到的佛教寺院里的一些残余物。我在1900年和1908年曾考察过现标为麻扎的这个遗址，但没能找到任何遗物。

最后，我希望单独说一下我在和田时从熟识的"寻宝人"托乎提阿洪那里得来的一些小文物。他声称他是在寻找阿尔喀里克和杭桂遗址附近的塔提时发现它们的。这些器物的特征与我在阿克铁热克和该地区其他地方发现的东西相一致，从而可证实他的说法。这些东西的小件号前面现标有"Ark.Han."的遗址名缩写，其年代无疑属于早期伊斯兰时期。

11月29日，我在和田绿洲停留的最后一天里，考察了山普拉东行政区南缘的距阔塔孜兰干西南约1英里的一处小遗址。1908年时我曾在此获得了几块佛教寺院遗物的泥雕残片，还值得一提的是上一次我在访问和田镇时曾获得了一些婆罗米文的残纸页和各种小遗物。在狭窄的沙砾山脊的最低处，1906—1908年我的寻宝队中的一个成员，给我指出了出有上述文物的地点。这处沙砾山脊距邻近的耕地约150英尺，离托克拉克麻扎的一处吉亚拉特的南—东南约350码，是吉拉克、阿巴斯村耕地紧上方的铁克里克塔格的最西的山嘴。在此捡到的小块泥塑（显系墙壁的浮雕装饰），与1908年我收到的泥塑碎片类型不同，表明此处曾有与喀达里克和丹丹乌里克寺院相似的一座寺庙。但此寺已被完全毁坏，墙壁等已踪影全无。从其细碎的垃圾中杂有大量芦苇秆和粪便来看，这处遗存可能曾一度被用作羊圈。其墙柱就像在喀达里克一样，可能被重新加工，另派别用，这从大量的木头碎片就可以看出。

在清理寺址南约20码的地方时，我们挖出了一个粗陶罐，高10.5英寸，双耳，形状与喀拉墩发现的双耳瓶非常相似。在西面约50码的地点，我被告知这个地点是阿巴斯带给我的文书的发现地。我亲眼看到，两块小的婆罗米文书残片被当场发掘出来，其中一片是菩提叶，这就证实了阿巴斯的说法，所以我们应把他的采集品归入到上述遗址的各种杂物中去叙述。此外，在此地还出了一块上有三个吐蕃文草书的小木牌、两块彩色丝幡残片。彩色丝幡残片上一部分头部轮廓模糊可见，图案装饰大胆有趣，颜色鲜艳，应是毛绣帷。

第二节 达玛沟附近遗址上的发现

11月30日，我从和田绿洲的东缘出发，开始了向东的长途旅行。这里距我们冬季的主要考察地罗布沙漠约有700英里。考虑到冰块易于运输，而且携带冰块可保证全队人马长时间用水的需要，我打算尽可能地取道以前走过几次的便捷的商旅小道，以在天气寒冷至河水结成厚冰的时候快速地抵达那里，开展工作。当然，我在沿途不会错过考察新的考古遗址的机会，更何况我在和田时已得知两处新地点的有关情况。

我们首先到达玛沟小绿洲的附近。我认为，现代的耕田范围变化很大，大量的古遗址早已湮没于沙漠之中，这里可能会出一些特殊的古物。1901、1906和1908年，我曾在此调查过一系列的遗址，范围从西面的乌鲁克吉亚拉特到东面的法哈特伯克亚依拉克和喀达里克。我在以前的旅行报告中已经充分叙述了这些遗址以及所发现的遗物，并较详细地讨论了刚才提到的耕地范围和位置的变化，以及达玛沟小绿洲特殊的灌溉环境。

我顺便要说一下我在前往新发现的达玛沟东库都克库勒遗址的路上对最新变化进行的一些观察。我们从西面长有灌木的沙漠向策勒前进的时候，路过了哈勒帕特小型耕种区，1901年时它仅是路边孤立的兰干，后来在1908年，它才发展起来，使连片的新耕地与主绿洲相连了起来。这一快速的发展，据我的老雇员依布拉音伯克（他曾当过几年策勒米拉甫伯克掌握着一些重要情况）告诉我，是因为策勒的耕作有阿克苏水，即春夏季山洪的充足供应。

我在东面观察到了同样惊人的变化。固拉合玛耕种区是下一个沿着昆仑山沙砾缓坡延伸的绿洲。自1906年以来，该绿洲已经向北扩展到了普那克的地方。长期废弃于沙漠的旧耕地现被复耕起来，但作为此地变化的见证物老红柳包却仍被保留着。我在1901年见到的已经完全废弃于沙漠之中的普那克村的田地已被开垦出来，尽管几个世纪以来形成的灌木丛和风积沙堆还远未被清除。据说该村现有200多户人家。

固拉合玛、普那克和达玛沟的灌溉用水主要来源于山泉。山上喀拉苏水形成的地下水渗至绿洲南的沙砾缓坡，并在坡脚重又流出地面。所以需要说明的是，当我在12月2日从固拉合玛经过普那克，前往达玛沟绿洲东北边缘的阿克库勒时，我发现普那喀金河的流量达28立方英尺／秒。同时，流程更远的达玛沟的流量更不少于100立方英尺／秒，完全可满足正在扩展的玛拉喀勒干新地区的用水需要。

1906年和1908年时，我曾对喀达里克和法哈特伯克亚依拉克遗址及其周围分别做了考察，结果表明，在现今达玛沟绿洲的北面和东北面的附近沙漠地带，有很多佛教时期的居住遗址。但是，要在这片沙漠中找到这些遗址极为困难，因为这里大多覆盖着一个挨一个的红柳包和低矮的灌木丛。所以当我在和田就听说最近在喀达里克附近发现婆罗米文书时，我一点也不感到奇怪。我通过1906年把我们带往最远的一个遗址的老向导莫拉瓦贾，在固拉合玛征雇了两个向导，即达玛沟的吐尔迪和库尔班。由此，他理所当然地获得了这次发现的报酬份额，后来这笔报酬落到了巴德鲁丁汗手里。他们轻易地把我领到了那块地方。它是一小块纵长150码的风蚀地，坐落于密集的红柳包中，离达玛沟绿洲北缘通向东面的阿琪玛村的小道北约0.25英里，上面散布着许多陶片。1906年我的调查表明，这个被我的向导们称作库都克库勒的小塔提，离1906年我从喀达里克来的时候曾参观过的两个小遗址达拉布赞墩和科克吉格代不远，它位于前者东面1英里的地方，离后者南面的距离大致也有1英里。

在该地区的东缘，有一个高约30英尺的红柳包，它即是遗址所在的标志物（图54），附近有一个呈不规则形状的低矮土包，吐尔迪和库尔班在去年冬天曾来此采集薪柴，无意中发现了一包手稿纸，明显是菩提叶写稿。几个月以后，由于莫拉瓦贾欲为他在克里雅的按办获取更多的Khats，在此乱挖，因此这座寺院遗址已被完全破坏。与喀达里克一样，用木头和灰泥筑成的围墙遗存也已被莫拉瓦贾夷为平地，只有东面一段因为有红柳包上滑下的沙子的保护而未被毁掉。在清理掉由沙子和垃圾组成的小土包后，我们挖到了深约4英尺的灰泥层。遗留下来的墙基遗迹足以表明，寺院面积有21英尺见方。

把垃圾中发现的大量的蛋彩灰泥残片与1906年在喀达里克寺

图54 库都克库勒红柳包下的寺院遗址

院遗址中发现的那些壁画进行比较，就可发现它们的风格相同。尽管这里发现的壁画多因暴露于外而受到严重的损坏，但带走的残片表明，其构图和色彩处理与喀达里克壁画相一致，甚至有所超越。

　　这处遗址长时期暴露于风吹日晒之下，盗掘十分严重，因此这里出土的遗物很少。但它们与在达拉布赞墩和科克吉格代找到的遗物一样，足以证明该遗址与北面3英里的喀达里克遗址的寺庙是同时代的遗存，而且似乎都是在公元8世纪末被废弃的。我以前在喀达里克停留期间曾对邻近地方做过搜寻，但一直未发现这个小遗址，所以依此类推，在错综复杂的达玛沟雅尔以东的红柳包中，很可能隐藏着更多的类似的遗存。我记得，在上次考察中，我曾注意到喀达里克小遗址中最北的巴拉瓦斯特附近有一座红柳覆盖的大沙丘，在其风化的斜坡中，露出一些小的泥塑残块，说明这里可能覆盖着一处佛寺遗存，此是第一次被吹蚀出来。但要在这么大的地区对这类遗存做一次系统的搜索，势必会花费大量时间，这是我的计划所不能容许的。

奇怪的是，据说正是在巴拉瓦斯特附近，发现了大量的壁画和泥塑残块，在一座佛寺中还出了另外一些杂物，1915年6月我在喀什噶尔时，巴德鲁丁汗把它们都寄给了我。我无意验证出土地点的说法，但根据它们在特点和风格上与喀达里克的发现极为一致的情况，我相信关于这些遗物出土地点的说法可能是正确的。在蛋彩壁画残片中，一些大块的壁画明显是从现存墙面上切割下来的，而另一些则无疑是从废墟堆中捡到的。在众多浮雕残片中，值得一提的是：飞动的乾闼婆和更常见的小佛头。

达玛沟东北的遗址区以喀达里克为中心，巴拉瓦斯特和库都克库勒分居其北、南端。在清理完库都克库勒的遗存后，我们在阿其玛宿夜，我收到了有人带来的金属、石头、骨头等质地的小件器物。其他器物是巴德鲁丁汗从达玛沟或从莫拉瓦贾和其他一些居民手中得到的。彩绘壁画及一些泥浮雕残片，褪色非常厉害（图55），可能来源于与喀达里克遗址遗物近乎同时的佛寺遗址。写于木头上的吐蕃文、汉文、婆罗米文残篇，与喀达里克的发现物相一致。通过巴德鲁丁汗获得的小器物以及主要的泥浮雕残片、写稿、遗物和一些用梵文、和田文以及吐蕃文写成的木质文书，可说都来自喀达里克及邻近的遗址。

图55　彩绘壁画残片

我在达玛沟获得的金属、石头、木质小件文物，据说是在乌鲁克麻扎或乌鲁克吉亚拉特南、北面的大遗址区发现的，其位置在达玛沟西北沙漠之中。我曾论证过它是玄奘所说的媲摩和马可·波罗所说的培因的所在地。根据1901年和1906年我考察该地时所获得的情况，我认为这些古物来源于此的说法应是非常正确的。至于由巴德鲁丁汗带来的一个彩绘的木雕光轮残块（图56），据说是从乌鲁克墓地上获得的。根据在乌鲁克墓地周围塔提上观察到的条件以及该地区一直沿用至早期穆斯林时期的情况，保存得如此好的这样一件佛教遗物似乎不太可能在这里存留下来。此木雕光轮背面也有彩绘，说明它是脱离寺院墙壁的一尊雕像上的遗物。其背面绘的是一尊坐佛很重要，因为尽管它的表面已经褪色，但它仍显示出大胆使用的高光。

图56　木雕光轮残块

我在前两次考察中，参观了策勒和克里雅之间的成串的小绿洲，这使我有机会观察到近来他们用以灌溉水源的喀拉苏泉水水位的一些显著变化。在《古代和田》和《西域考古图记》中，当我记述喀拉克尔和达玛沟的变化时，我曾指出，这些河沟的变化使得耕种区做相应的位移，由此可以看出，这些绿洲附近的古遗址应是在不同时期被废弃的。这个观察具有直接的考古学意义。此外，我还有一个例证，即我在12月3日急行军前往克里雅镇的途中，曾注意到地下的淡水泉涌出地面，也使之附近出现了耕种区。

阿其玛，顾名思义，是一个新开垦的耕种区，那里的喀拉克尔泉水出现才20多年。自从我1901年首次来到此地后，该垦区一直比较稳定。这里约有800户居民，据说自定居以来就没有迁移过。东邻更古老但面积小得多的拉依苏垦区的范围也未有什么变化。但再往前穿越克里雅大绿洲时，我的注意力被名叫萨依巴格亚的宽阔和深切的河床所吸引，据说是三年前一场夏季阿克苏大洪水所冲出来的，有条道路穿过该洪水河床通向锡斯伽里克的东面。在该洪水河床中，泉水汇成了水量较可观的小溪，溪水现正被用于开辟喀拉汗的新垦区。我在1901年时调查时，喀拉汗距克里雅垦区北缘约7英里，但后来被完全遗弃了。这个新水源的出现令克里雅人格外欣喜，因为他们所在的绿洲最急需的正是喀拉苏泉水的灌溉。

第三节　重访尼雅遗址

在克里雅镇停留的三天中，我忙碌地做了一些实际工作，并租来了另外12只骆驼。我在和田时，磨坊主依布拉音（他在1901年和1906年考察时是我的向导）告诉我，在前一两年，尼雅猎手阿兹木帕旺在我以前调查过的地区的南面曾见到一些废弃的房址。于是，我决定对尼雅河尾间以远的自公元3世纪以来即沉睡于沙漠之中的古代遗址再做一次考察。知识渊博、乐于助人的克里雅按办大老爷，把以前参加过我的考察的当地人又一次召集起来，使我们在这一天补充了四个劳力，驼队也备足了前往遥远的目的地的粮草。

沿着我以前走过的通常的朝圣小道，我们进行了三天的快速行军，赶到了依曼·贾法尔·萨迪克圣麻扎以远的地方。在此应说一下尼雅河发生的一些变化。1906年时，我记得麻扎东边的旧河道完全是干枯的，但在前两年夏季，部分洪水冲入了此河道。在尼雅河和旧河道交汇处以上几英里远的乔克托克拉克附近，河水流量100立方英尺／秒，但大部分水很快就消失于更远的宽阔河床地带，那里是优良的牧场和茂盛的灌木丛。在依曼·贾法尔·萨迪克以远2英里的地方，我们遇见了河道的末端，那里的水流量已缩减到7立方英尺／秒。但即便如此，河水除了供应卡帕克阿斯坎村和库塔克里克塔里木居民点，仍能供水给4英里外的尧干其的三户人家，使他们开垦出一块新的小塔里木。

吐勒库其库勒塔里木是位于圣麻扎以下2英里的最远一处小型的居民地（图57）。该地具有明显的地理学和古物学方面的意义，我们在此做了考察。1906年时我曾提到该地非常肥沃，灌木丛尤为茂盛。这几年中，这块小居民点的居民已增至15户，新住户是由该居民点的开拓者莫洛拉赫从克里雅带至此地的。12月12日傍晚，我在那里搭帐篷时，注意到许多广阔的田地已用篱笆小心地围起来，莫洛拉赫在1906年以后还为他自己盖了木头和编柳结构的舒适的新房。他在一个大果园中还种植了许多果树，目前已长得很高，这也是说明该地土壤肥沃的证据。

但是，过去三年中不同寻常的夏季大洪水给莫洛拉赫带来更多的是灾祸，它们已威胁到这个居民点的生存。村民们已迫使尼雅河尾闾的洪水流入更西的一条河道，即我们以前调查过的较深的老河沟，同时也毁掉了吐勒库其库勒灌溉田地所依靠的堰坝。于是他们在1911年和1912年新筑了一条小水渠，但供水量严重不足。而且夏季的阿克苏洪水来势凶猛，使得两季庄稼均未能收获，于是莫洛拉赫的新住户在去年冬天都弃地离去。莫洛拉赫希望在新河道中筑一个新的堰坝，以此来恢复耕种。他选择的堰坝位于旧堰坝的下游，两者相距0.5英里。他之所以选择此地，是因为那里的河道两岸各有一个高高的红柳河包，且河道深达20多英尺。但筑坝工程所需的劳务费用远非莫洛拉赫的收入或他从那些麻扎收入抽取的十分之一地税的收入所及，靠几个当地人所做的筑坝

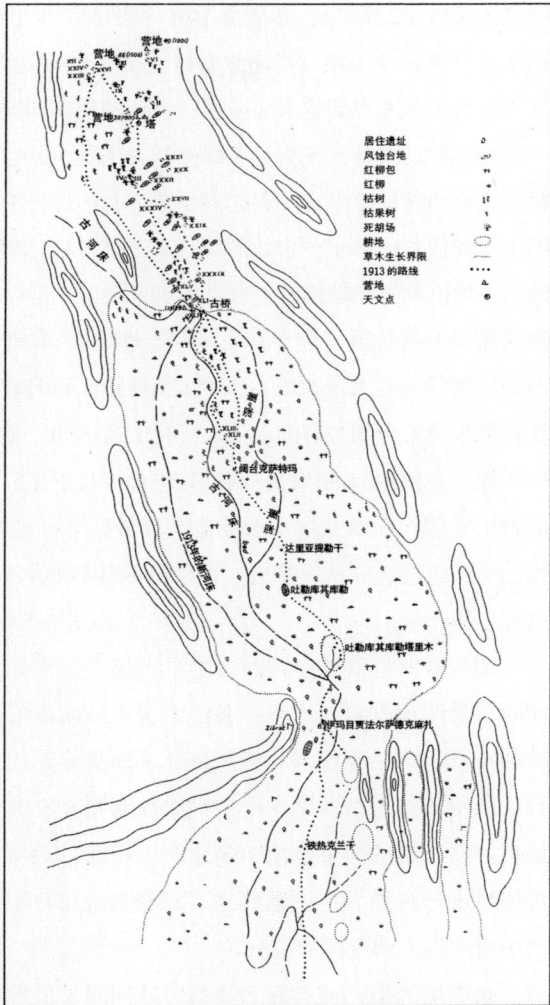

居住遗址
风蚀台地
红柳包
红柳
枯树
枯果树
死胡场
耕地
草木生长界限
1913 的路线
营地
天文点

营地
营地
营地

古河床
古桥
周台克萨特玛
达里亚提勒干
吐勒库其库勒
吐勒库其库勒塔里木
古伊玛目贾法尔萨德克麻扎
铁热克兰干

**图57 尼雅遗址
南部详图**

尝试也失败了。所以，尽管在1913年收割了少量的小麦，果树也仍活着，但这个居民点正面临着被完全废弃的危险。

这些实地考察到的事实说明，在河流尾闾的绿洲地带开荒带有一定的不稳定因素，不管这些绿洲是大还是小。它们也有力地说明耕地废弃的种种原因，不管它们是渐进的还是突然的。同时，也说明了在现代，由于缺少古代的第一手记录材料，要确定遗址被废弃的真正原因是多么的困难。在此我们已经有了一个明确的例子，即河流尾闾的耕种区的废弃并不是渐次性或临时性的干旱缺水所致，而恰恰相反，是水量的增大、河道的改道，以及在现有经济和行政条件下本地人力物力有限而无法应付所造成的。如果河水水量如以前一样，莫洛拉赫的居民点将能较好地维持下来，他们的小绿洲也能得以发展。但前三年中水量猛增，最后导致河水流入新的河道，他们无法应付这种紧急情况，于是便不得不废弃了他们所拥有的家园和土地。

这些观察也给具有判断力的学者提了一个醒。假定吐勒库其库勒将最终被废弃，莫洛拉赫的大房子被流沙所掩埋，那么在以后的几百年中，考察者将毫无机会确知其废弃的真正原因，就像我们弄不清在远处沙漠中的古代居址的废弃原因那样。只有与遗址废弃同时代的记录才能明确地澄清疑问，对考古学问题的各种可能性进行解释。但遗憾的是，尼雅遗址保存下来的古代佉卢文书中根本找不到这样的记载。

我要说的是，此时我适逢其时地回到了尼雅遗址，从而为救

助吐勒库其库勒塔里木提供了一个良好的机会。在该地附近需要
进行抢救性的发掘，我雇用了数量较多的壮劳力。所以，当我和
他们完成发掘从遗址回返并前往且末时，我非常乐意地派他们去
莫洛拉赫以前筑坝的地点，以构筑一道新的横贯河道的堰坝，工
程预计需时5天。我备足了民工们的全部工钱。开工前，民工们
照例进行了祈祷。工程的木工活由技术熟练的木匠负责完成。最
后，堰坝的建筑终于大功告成。这项工作做得正是时候，否则，
麻扎附近小湖冰冻以后，尼雅河尾闾的泉水将很快会从河沟流至
吐勒库其库勒，从而严重影响到新堰坝的构筑。

　　同时，我弄清了依曼·贾法尔·萨迪克麻扎以上尾闾河床中的
喀拉苏水的总量，估计足有3石[1]。我的总管依布拉音伯克（他是和
田—克里雅地区灌溉事务方面的专家）认为，这点水量足以供应
约100户人家的耕种需要，而这个朝圣地附近的小塔里木的居户
还远不到这个数量的1/3，所以无论在春天还是在6—7月份以后阿
克苏洪水停止的时节，尼雅垦区所需的灌溉用水都是毫无问题的。
我没有听说过关于盐碱问题的抱怨，我在那些垦区见到的田地，
包括吐勒库其库勒在内，完全没有盐碱化的现象。所以我毫不惊
奇地发现，1906年我曾踏访过的麻扎东南已开垦出的田地非常宽
阔，其主人的住房也很结实。

　　1　石（Tāsh），中国新疆绿洲中测量渠道流量的常规的度量单位，据说代表1
担之量，相当于5~7立方英尺／秒的流量。

图 58 发掘前从西南尼雅遗址的 N.XLII 居址

12月13日早晨开始从吐勒库其库勒塔里木向北进发时，我抽空参观了小湖（图57）。湖名"吐勒库其库勒塔里木"来自所在地的地名。昨晚我们在此掘取了冰块，以供我们在古遗址停留时用。我看到了直径约有80码的一大片水面。小湖被沙梁所包围，仅靠地下水源补给。小湖的北面和东北是高出水面约150英尺的沙梁，其情形不由得使人想起敦煌旁边的月牙泉，即著名的弯月湖。尽管这个小湖的水位季节性变化较大，但水永远是那么平静清澈。湖塘里未见沉结的盐碱，进一步证明这个奇特的尼雅河终端地带的小湖一定有稳定的地下水源。

当我们前往古遗址时，我发现1906年我们驼队在沙地上踏踩出的小道依然清晰可辨，它时隐时现地穿行于红柳包之间。它经过的达里亚铁勒干牧棚和放牧地，据说在过去15年中无人来过。此外，麻扎百姓中的老牧人、猎手伊布拉音还知道另两个更远而且已废弃很久的牧棚和放牧地。有理由相信，在尾闾地带的芦苇和灌木成长所依赖的夏季洪水到来之前的几年时间里，河水水量已经减缩了一段时间。

在图57中，最远一个废弃的棚屋是阔台克萨特马。在它的后面，我们的向导阿兹木领着我们转向西面。在约1英里后，穿过连着红柳包的一条高沙梁，我们到达了他所说的第一处房址。1906年我在短暂地访问此地时，曾认为在高大、林立的红柳沙包下也许隐藏着更多的遗址，这种猜测已被证明是正确的。正如图58和图59表明的那样，这处遗址位于风蚀地西缘的阶地上。此风蚀地非常阔广，南北延伸230码，周边围有红柳包。其东端附

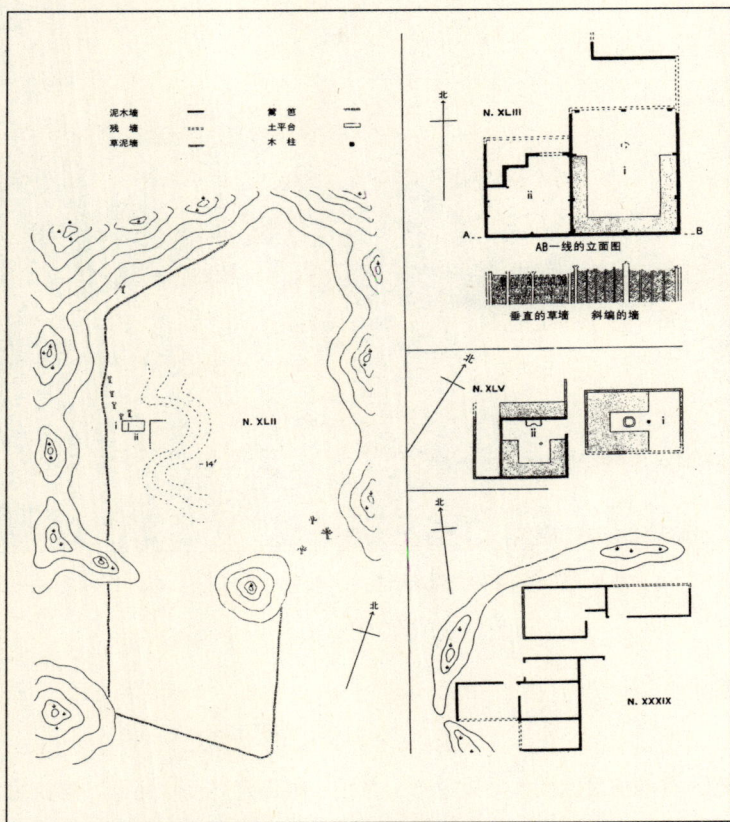

图59 尼雅遗址 N.XXXIX、XLII、XLIII、XLV 民居图

图60 从北面望正在被清理的尼雅遗址 N.XLII 居址

近，有两棵凄凉的大桑树树干，其中一根仍直立在沙地上。裸露的风蚀地面上散布着陶器残片，类型与尼雅遗址其他地方发现的陶片相同。

N.XLII 居址均已严重残损（图60）。它由两部分组成，西边

小间 i 用直立着的树枝构筑而成，存高有 2 英尺。在清理时，出土了大量的小杂物，包括一枚玛瑙珠、一把角勺、玻璃残片等。在另一间中，苇顶已经塌落于地。居址的一角发掘出大量夹杂着羊粪的燕麦秸，表明该地曾几次被用作羊圈。东面的部分更大、更

坚固，但受损情况严重，仅找到两个外墙的木柱础及泥糊枝条墙的底部。地栿加工得很好，其中一根长23英尺，厚8英寸。在大量倒塌的、已严重枯萎和碎裂的木头中，有一根圆柱，高约8英尺，曾支撑过房顶以及揳入柱子和顶棚之间的双托架。因为这些柱架数量较少，无疑，与以前调查过的更北的遗址一样，是早期的遗存。这也与该建筑近旁所观察到的14英尺深的侵蚀深度相一致。其近处有一排枯死的白杨树仍直立着，高为10~12英尺。

阿兹木报告的第二个遗址 N.XLIII，是在西边被发现的。它坐落于紧凑的红柳沙包之中，深埋于沙地之中（图61）。遗址中的两间主要房间（图59）堆积着厚约8英尺的沙子，所以清理工作费时费力，但仅出了几个木质和金属质的小件器物及几个大陶罐。房屋建造得尽管较粗糙，但有两个独特之处。东边一间 i 虽同以前调查过的尼雅遗址的居址一样，有三边围成的坐台，但其枝条墙我却在别处未曾见到过。在图59中，此房间的墙的高度即说明了它的不同凡响之处。墙由两层厚席组成，以紧密的对角状图案编织，两席之间用厚约3英寸的泥巴间隔。斜角编织的枝条墙外面糊泥现象非常常见，但我未发现此墙外面糊泥的现象。另一个特别的现象是房间 ii 内的墙壁呈曲折形，从而把西北角落与房间分隔开来（图59），其用意不明。它也许是通向上层房间的楼梯间，因为房 ii 的墙柱高仅78英寸，而在房间 i 内发现的中心柱高度明显在8英尺以上。

我第一次到达 N.XLII 遗址后，即向几个不同的方向派出搜查

图61 尼雅遗址，红柳包之间发掘前的 N.XLIII 居址

组，他们的报告表明，在南面和西南面有几处古遗存。12月14日，我们对这些遗址做了考察，结果表明，西南方向的遗址位于0.5英里外，仅是粗制滥造的灯芯草墙建筑，或许是一个牛棚。另一个位于南面约1英里的地方，是一个居址类的遗存。像 N.XLII 那样，

它用紧密编织的对角形枝条席构筑而成，外围尺寸为62英尺×42英尺。从试掘出的严重碎裂的木构件来看，很明显，在被流沙掩埋之前，这些遗存曾长时间地暴露于外。由于此处堆有高约6英尺的沙子，所以我未能抽出时间去完成发掘工作。在更南面的地方还有两个小建筑，出土了几件古物。据报告，这两处小建筑受侵蚀的程度相近。因为时间有限，我未对它们进行考察。

目前已提及的这些遗存的重要性，在于它们说明，古代尼雅遗址（我给的名称）的居址集中地的范围，至少要从N.XLI（亦我以前调查过的最南的建筑）延伸出5英里，而且可以肯定地说它们的年代都较早。由此，尼雅遗址南端与吐勒库其库勒塔里木的尼雅河尾间之间的距离被缩小到仅6英里。

但我在对该地的考察中更重要的收获是：发现了古代尼雅河河床的上延部分。我在1906年发现，在N.XLI紧西边标为桥的遗存处明显有古河床。但由于时间问题，我未能再向南搜寻。我首次见到河床的这个延续部分是在N.XLIII的紧西边。N.XLIII遗址位于高大的红柳沙包中，事实上是古河床侧的成列的沙包中的一个链节。前面提到的在南面和西南的遗址，正位于该古河床左岸1弗隆（英制长度单位，1弗隆=201.168米——译者）左右的距离内。古河床的宽度一般为40码，两岸排列着成行的大胡杨树，几乎都已经枯死。古河床西面是一片十分开阔的地方，一直延伸至与尾间河床平行的间距约2英里的一条高沙梁的底缘，上面覆盖着灌木和低矮的沙堆。如上所说，前两三年的夏季大洪水，已引起了吐勒库其库勒塔里木以北的尾闾河床的改道。顺着洪水流向，我们中的一人从 N.XLII 的营地出发，向西寻找遗址，竟然碰到了最近洪水泛滥造成的潮湿地。

我在12月15日已弄清，从 N.XLII 和 N.XLIII 近处通过的河床，与我在1906年首次见到的河床相连接，那里有 N.XLI 西边的古代脚桥。其时，我寻踪至以前考察过的地区的南端，发现这里有成排的死胡杨树及一长串低矮的红柳包，这说明这里有一条蜿蜒的古河道。在前进途中，我遇到了几乎已完全毁坏的两处居址。其不远处，仍成行地直立着干枯的白杨树和棚架。

在该地走了约3英里后，出现了克里雅河尾闾三角洲的开阔景象。在这个平坦的土地上，大量的小水道四散出去，直到上面提到的该地西界的大沙梁。许多平坦的小块土地带有少量的盐碱，说明原是一个个干涸的池塘。伊布拉音记得，三年前，尼雅河尾闾的洪水已推进到了这个地方。很明显，这里是达里亚铁勒干深干沟的西泄洪道和古河道之间的连接点。其后，我们穿过高大的红柳沙包地带，向东北进发。我们顺着蜿蜒于沙丘之间的古河道，在 N.XLIV（图62）和古桥近旁伸展的塔提地区停了下来。

1906年10月30日，我在尼雅遗址的最后一天调查就是在这里进行的。现在我之所以要回到这个地方，是希望在上一次之后，进行更为仔细的考察活动。我发现古桥遗存整个未变，因此无必要再对古桥所跨越的老河床进行描述（图63）。但在走遍古桥西面这块开阔地以及走近其左岸（图64）时，我发现，在枯死的棚架

图62　尼雅遗址 N.XLIV 居址，干枯的白杨和沙埋的房屋遗存

和半埋于沙子里的庭院篱笆里，残留着几处小型建筑遗存，编号为 N.XLIV。在它的后面，穿过西北的一片洼地后，我惊奇地看到了保存较好的大葡萄园。对它的调查，正如图64中所显示的那样，将有助于弄清一些具体的问题。

这是一块长方形的开阔地，从西北至东南为260码，横穿约150码，边缘是高出原地面40多英尺的红柳包。与尼雅遗址古代

图63 望古河道彼岸的尼雅遗址遗存

居址的庭院和棚架周围的篱笆一样，由粗糙的柱子为骨的灌木篱笆，曾把这块地方整个地围起来。其走向除了东北面很大一部分已掩埋于沙包之下，尚可以找寻出来。

篱笆内有一个葡萄园，处在最北部，园中的果树大部分是杏树、桃树、核桃树和沙枣树，大多植于园子的边缘，但也有些散种于园中。种植葡萄的方法很容易看出来，和我一起的尼雅民工

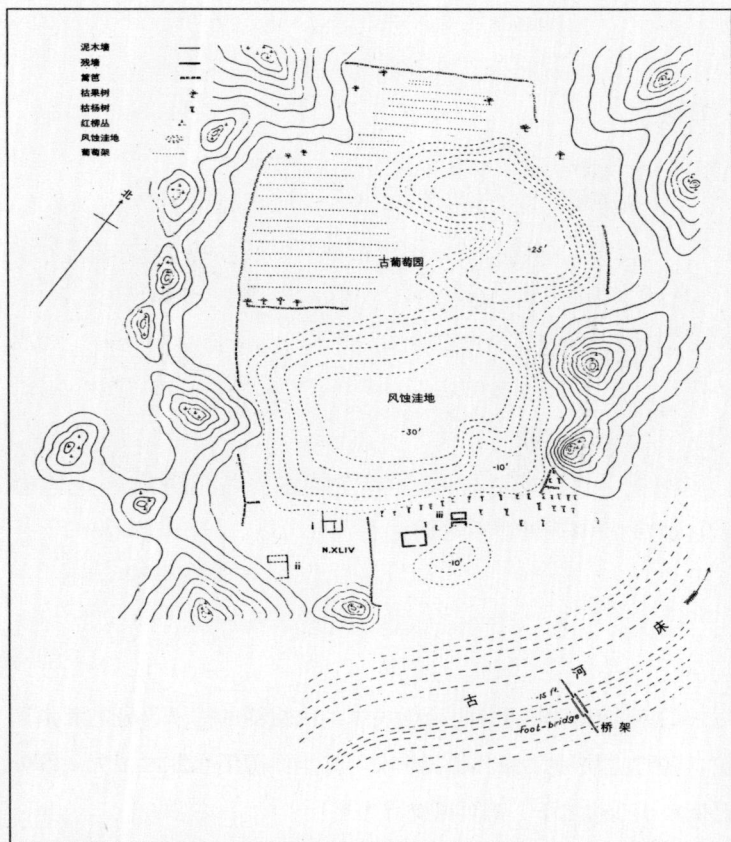

图64　尼雅遗址的农田 N.XLIV 及葡萄园和古河床

当即认出其方法与现今和田地区各绿洲盛行的种植方法一样。一般地来说，正如平面图及图64所示，葡萄成行种植，每行间隔约20英尺，每一株葡萄树干的旁边都竖立着粗壮的木柱，木柱上再架葡萄藤蔓延所需的格子棚架。木柱和葡萄根部所在的土垄虽历经风蚀，但仍高出现地面约3英尺。尽管已经过去了16个世纪，但每一株葡萄树干及木柱仍几乎原封不动地保留在原地。就在这里，发现了葡萄和果树（杏、桃、苹果、核桃、沙枣）的木头标本。

葡萄园的东边（可能曾是葡萄园的一部分），地面已被侵蚀掉约25英尺深的土层。原因是外面成列的红柳沙丘中有一缺口，很明显，东北刮来的劲风即从此侵入，以异常的力量进行虽然缓慢但又毫不留情的破坏，这种情形我在罗布沙漠及其他地方经常见到。再往南，正如全景照和平面图所示的那样，在葡萄园和曾被篱笆围起的棚架及小建筑之间，有一个洼地，面积仍然很大而且较深，应是一个大的长方形池塘或蓄水池。但仔细调查未能找到证实这种印象的证据。奇怪的是，此洼地的西北边和东南边之间的夹角，几乎是一个直角。

洼地的紧东南有一长排枯死的树木，它们都是栽培的白杨树，是古代的花园或林荫道（图65）。在其后面，有一块小台地，上面覆盖着沙子和缠结的死红柳。台地上还竖立着碎裂的木柱，说明有三四个小型的建筑遗存，一起编号为 N.XLIV（图62）。除了灯芯草墙建筑 iii 一角堆起的大量燕麦秸，我们在清理中未发现什么东西，说明该建筑物是一个牛棚。它的东南面有墙围住的大地方

图65　尼雅遗址 N.XL 遗存附近，围绕枯水塘的古藤架

可能也是同样的性质。另一些遗存例 i、ii，则是用木头、枝条盖起的小居址，其房间已严重损坏。

　　12月16日，我把营地迁往西北，部分原因是为了观察以前调查过的一排遗存，它们都在古河床和佛塔的南面。另一部分原因是要把劳工们带到尚未清理的遗存附近，因为三天前，我派出了由调查员穆罕默德·亚库卜领头的一个搜寻小组，他们有可能在这排遗存的东面和东北找到另外一些遗存。我在迁移途中没有发现新的遗存，但在 N.XL，也即 1906 年考察过的遗址南面附近，发现那时漏掉的一处居址 N.XLV，它是用木头和灰泥构筑而成的，现已被严重损坏。在清理残存下来的两个房间时，发现了 8 枚佉卢文木简，其中有一枚长方形双简、一枚非常大的楔形木简等。除了日杂的家用器具，还有出土了一个木制鞋楦头和一副捕鼠器。厚厚的羊粪覆盖了两个房间的地面，使这些器物未被完全侵蚀，同时也说明了木简长期掩埋于羊粪之中而变得易碎的原因。沿途地面较为开阔，可见几块小面积的风蚀地，几乎没有什么陶片或其他的塔提残骸被发现，所以可得出这样的结论：古代居住区没有向西延伸。

穆罕默德·亚库卜的小组与我们会合于 N.XXIV。尽管 1906 年时在这一小组所搜寻的地方曾发现过隐藏的档案文件，但他们在向东搜寻的途中未能找到新的遗存。由于亚库卜对该地及该地的工作较陌生，未能正确地认出我们以前的陆标，所以我怀疑他所循的路线可能有问题。我们收集的小件器物，大多是亚库卜的小组成员从裸露的地面上捡到的，也有一部分是我们重访该遗址时得到的。这些小件器物多为珠子、金属残件之类的东西，特别要提到的是用镂空金细丝工艺制成的小金耳环或鼻环，保存状况较好的青铜带扣以及带有倒刺的青铜镞。后者在类型上与上次在该遗址上发现的青铜镞十分相似。

回到遗址 N.XXIV 的中心部分，我发掘出了一个保存较好的大碗橱（图66）。1906年时，我们在对古居址 N.XXVI（图67）的 viii 房间发掘中曾发现过。那次因为装运困难，我决定仍让它保存于沙子之中。碗橱的构造特征，尤其是腿部的特殊形状，如同尼雅遗址出土的其他碗橱一样，目的是使食物免遭啮齿类动物的攻击。楼兰遗址中出土的一个碗橱残件，与尼雅遗址出土的一个特别完整的碗橱非常相似，但装饰更复杂一些，这证明它们是在10多个世纪前塔里木盆地各地普遍使用的一种家具。从 N.XXVI，我还拿走了一根带花纹的大碗橱侧门柱。从大门通过房子的中心通道进入房间 v，还发现一对雕刻得很粗糙的木柱头饰，发现时是分开的，原状也可能就是如此。

图66　大碗橱

图67　尼雅遗址 N.XXVI 居址上的房顶遗存

　　N.XXIV~N.XXVI 为一组居址，其附近的沙丘自我1906年考察以后，位置似乎有些移动。尽管遗址状况几乎没有变化，但沙丘的移动露出了许多躺卧着的果树，同时还露出了 N.XXVI 紧东边的另外两座房址，其情况表明它们在被流沙掩盖之前就已经被严重蚀坏。露出的器物只有上面提到的木碗橱那样的残件以及一把木锁的撬板。

图68 从西南方向望尼雅遗址的 N.III 居址

　　我回到遗址中心部分的目的之一，是要完成1901年我首次访问以来保留至今的一个任务。在佛塔以南2英里的大型居住遗址 N.III（图68），我一直未能对西边的几个房间及中厅东面的一个大外厅进行检查。它们里面的沙子堆积较高，对那时相对较少的劳力来说，要发掘它们势必将耗去许多时间。由于其规模及此处居

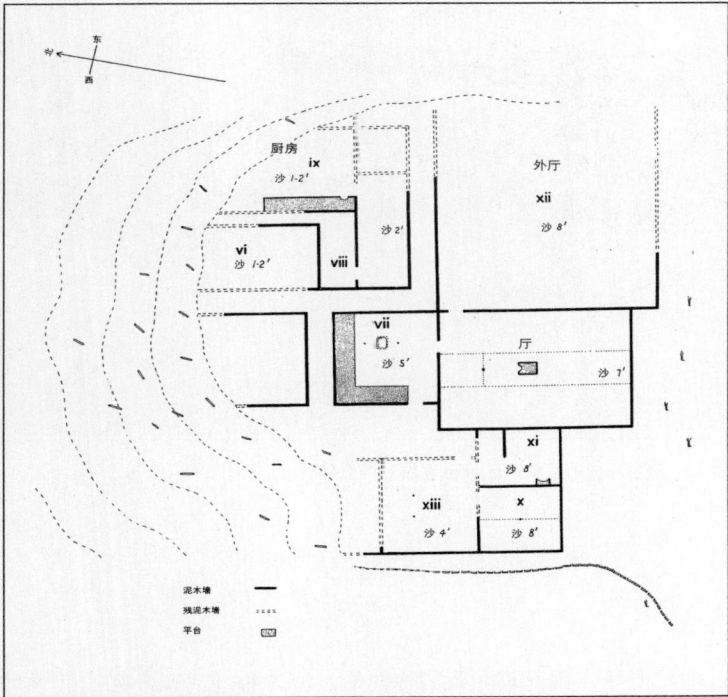

图69　尼雅遗址 N.III 平面图

图70　最后发掘前尼雅遗址 N.III 居址的西北部分

址的重要性，因此那时我们称此处居址为衙门。在中间几个房间里清理出来的佉卢文文件数量不多。但我凭经验，觉得应能在重要人物居住的房子里找出"废纸"。我后来怀疑中厅紧西边的一个小房间中极有可能清出一些作废的"文件"。

　　这一次安排的劳力较为充足，因此在12月17日我们便完成了

这些房间以及外厅的大部分和东边凉廊的清理工作，结果证实了我的猜测。如发掘前修改过的居址平面图（图69）所示，在西边的 x 房间内以及图70左侧出现的北墙处，发现了不少于24块佉卢文简牍，其中有几件长方形和楔形木简的尺寸较大。这些木简几乎都保存完好，是对以前从该遗址中获得的大量木简和文件的重

图71 栏柱

图72 短柱

要补充。在这个房间及邻室 xi 里发现的各种器物，大部分是木器和家用器具，其中值得一提的是几副捕鼠器，以及4根栏柱（图71为其中2根）。栏柱上带有优美的环状线脚及上下连串的球饰，极似楼兰遗址发现的同类建筑构件。

大厅（N.III.xii）宽达43英尺，在这里进行的发掘费时费力，但没有得到任何的回报。曾支撑屋顶的横梁仅存一根，是用整根的白杨木加工而成的，但现在已经残断并碎裂。雕刻的木栏柱或短柱（图72），发现时立于中厅墙壁附近的沙堆中。

夜幕降临后，靠着熊熊的篝火，总算圆满地完成了这个居址的清理工作，次日的工作任务便只剩居址 N.XXXIX（图59）的发掘了。这一居址在1906年时曾部分地调查过。这次发掘露出另外一些房间，但未发现什么重要的东西。因此，12月18日，我便带着轻松的心情重新开始向东进发。这次我重访尼雅遗址，快速地对公元3世纪古代尼雅或精绝居民们向南开拓的部分进行了新的观察，进一步向南寻找了现代尼雅河尾闾地区的古代遗存，在《西域考古图记》中我已对此进行了充分的叙述并得出了结论。鉴于该遗址的发展历史及被废弃后自然条件已经发生了很大的变化，因此其废弃的直接原因仍然不明。

12月18日，在与往日同样晴朗、平和的天气中，我重新回到了吐勒库其库勒，这时气温已降至零下42华氏度。这种天气使我每天在遗址上都可看到南面遥远的雪峰。顺着我前几次考察走过的小道向前，我现在明白了古桥南面高高的红柳沙包地带延伸不到2英里后，便是平坦的树林地的原因。当古代河流尾闾地区成排枯死的胡杨树以及红柳包形成的沙梁伸向西边的时候，深切的达里亚铁勒干雅尔沟的终端，在古代尼雅河尾闾河床干涸之后仍可能继续得到水汽，不管水汽是由洪水还是接近地表的地下水带来的。这充分说明，在以前的10多个世纪里，这条曾经泛滥的河沟在遗址废弃后便成了河流尾闾的河床。这就是旅行者从凄凉的荒漠中，走入雅尔沟两岸茂盛的树林以及其南端草木茂盛的地带时，所看到的自然景观的巨大差距的原因所在。

第五章

前往罗布泊的途中

第一节　且末和瓦石峡

1913年12月1日，我离开尼雅河尾闾，目的是要尽快地赶到冬季主要的工作地，即仍远在东北方向的罗布泊地区。在头两天的行程中，我不得不循着1907年和1906年我走过的通往亚通古孜河的旧道前进。当我穿过由高高的沙丘连成的沙脊时，我惊讶地发现当初骆驼留下的脚印仍历历在目，类似情况在我后来重访敦煌西边的长城时也曾遇到过。

从设在赫勒亚伯克家中的老营地出发，我穿越了已结坚冰的亚通古孜河，目的是要穿越尚未调查过的地方，从而缩短去安迪尔河的行程。过河后的第一天，我们遇到的是顺着该河的南北走向而延伸的沙丘地带，高度不超过50英尺，这种现象证明了我在塔克拉玛干和罗布沙漠的观察结果，即大沙脊或达坂的轴线总是平行于离得最近的河床的中心线，不管其河中有水还是无水。在这里，我还注意到，路上成列的红柳包的走向也是呈现出同样的规律。

当行至LXVIII营地以远的地方，出现的是覆盖一层硬盐壳的宽阔裸露的黏土地，取代了以前带着稀疏灌木的沙地。为了使骆驼免受盐碱壳扎刺的痛苦，我们不得不往南找一条好走的道。那里土地平坦，处处点缀着红柳灌木丛，表明该地区曾泛滥过洪水。第二天在结束考察时，我们看到一片宽阔的盐碱化洼地，其侧翼排列着几列高高的红柳包，呈东南—西北走向，由此判断，洪水一定来自安迪尔河。其后，出现了成排的胡杨树，我们在那里扎下了营地。但第二天早晨从LXIX营地至安迪尔河的路程还有约12英里，而后才能走上通往且末的商旅小道。安迪尔河西的这条宽阔、干涸的支流河床非常重要，因为它说明某一时期从昆仑山山麓高原沙砾冰川下来的融水曾经偏流。

这一观察非常重要，因为它可以解释我第一次和第二次考察过的安迪尔遗址和比勒尔孔汉遗址，为何离现在的安迪尔河道这么远。我们在安迪尔兰干处穿越安迪尔河床。这是一条宽达约30码的雅尔沟，深切入黄土达100多英尺，流量至少100立方英尺/秒，几乎无冰。此河在夏季水量更大，我们看到它的洪水期的河床宽达300英尺，两岸高出实际水面3.5英尺。

对洪水河床的观察充分证实了我在第二次旅行记录中所述的

意见，即维持现处于安迪尔河尾闾的小绿洲非常困难，主要原因是夏季的大洪水使得该河的下游河道变化十分频繁。我在冬季河床的喀拉苏水中没有发现含盐量，其两岸也没有盐碱。考虑所有这些因素，我无须修改以前关于古安迪尔河尾闾附近耕种条件以及长期废弃以后影响复耕的决定因素的观点。

正是由于历史时期人们不得不屈从这些重复性的变化，因此该地区的古代遗址便显得特别的重要。我在到达喀什噶尔之前，就已经通过巴德鲁丁汗安排我以前雇用过的尼雅民工对以前未调查的遗存又进行了搜寻。我在和田时，有个发掘民工告诉我一些令人沮丧的消息，他们只发现了现代牧羊人在且末路上的巴巴阔伊迪上方树林地带用糙木和芦苇构筑的一些棚屋，其位置距安迪尔河的老河道不远。另一小组粗陋的建筑物位于苏丹的密林之中。他们还从尼雅的牧羊人那里听说到一个遗址，该遗址有一个炮台，名为科克梯木（意为绿塔——译者），牧羊人说他是在苏丹南面跋涉了五天才偶然看见的。我派搜索组回去寻找这座科克梯木时，他们未能找到那位名叫阿合买德的牧羊人，结果未能按照原计划安排，与我在安迪尔兰干会合。那个发掘民工所指的在喀玛伽孜西北的两处老房子，很明显与1906年我们考察过的遗址南端古烽火台附近的小遗存完全相同，当要他陪同我们去苏丹时，他溜走了。

根据上述不可靠的消息以及1905年由亨廷顿教授在此做的调查结果，我认为，在安迪尔河和车尔臣河之间的沙漠中，除了有牧羊人的棚舍之类的建筑物，存在古代遗址的说法很不可靠。我在1906年沿着商道穿越此段沙漠地区时，也未找到过有关该地情况的报道以及早期旅行者的记载。不管怎样，从我们停留的井泉旁新建的兰干（旅馆——译者），我发现了交通量增加和旅行条件改善的一些迹象。在抵达且末前两天的旅行途中，空气格外清新，白雪覆盖的昆仑山脉清晰可见，我们根据1906年用三角测量法测量过的高峰，用平板仪较准确地确定了我们所在的位置。

在我的第二次考察报告中，我已充分地讨论了且末绿洲的自然面貌及它作为塔里木盆地商业南道上一个连接点的重要性。我还复查了那里稀少的早期居址以及自汉代以后它所经历的剧变的历史记载。我重访且末的时间较短促，主要是为了补充一些骆驼及给养。我看到，自我第一次访问以来，这里的耕地面积有了增加，呈现出一片繁荣的景象。绿洲的西缘现已接近名叫塔木的小遗存，南缘已扩展到名叫阔纳协亥尔的大塔提地区。阔纳协亥尔是个早期伊斯兰时期的居住遗址，其年代证据是我购买到的一枚带有至和年号（公元1054—1056年）的宋代铜币以及在且末时有人拿给我看的一枚伊斯兰教银币。这两枚钱币据称都是从亚勒古孜墩麻扎附近的风蚀塔提上发现的。

且末绿洲北缘和西北缘的耕种区也有少许的扩大。此外，由于利用老沟渠，现绿洲的西面和西北面，即地图上标为英乌斯塘的地方重新出现了居民点（渠水可流到新居民点与商道相接的地方）。在北面约2英里，我还看到了满怀希望的定居者们建立的家园。我已经说过，尽管且末地理位置偏僻而劳力缺乏，且塔里木盆地经济条件有限，但如果采取措施克服这些困难，利用车尔臣河的大量供水，在这块绿洲扩大灌溉面积还是极有可能的。相对于左岸所有田地所需的水量来说，现存沟渠所能输送的水量显然供远大于求，这一点在我考察渠首时就看得非常清楚。渠首距且末巴扎约7英里，位处去喀帕的路上。主渠宽约60英尺，深约2.5英尺，全年有水。但由于堤岸管理不善，沟渠两边的土地易被溢水淹没。在这里，我从没看见过盐碱化的情况。事实证明，且末绿洲的土壤非常肥沃，除了葡萄，各种水果在且末均可大量种植，即便在新开垦的土地上也是如此。

在且末停留的两天里，我租到了去罗布沙漠考察所需的另外9只骆驼，解决了交通工具的问题。但我由此产生的喜悦心情很快被传来的坏消息所破坏了。据说，在若羌刚发生过一场严重的骚乱，而该地作为罗布地区的重地，正是为我将要开展的考察提供给养和劳力的基地。

伴随着1911—1912年致使清王朝灭亡的辛亥革命，新疆许多地方爆发了当地人反对省行政部门的事件。一小撮狂暴的散兵游勇和钻营的政客，以及在当时新疆各城镇随处可见的赌徒、敲诈勒索者和趁火打劫者，利用人们压抑、蠢蠢欲动的个性，大肆煽风点火，兴风作浪。至1913年，随着袁世凯中央政府委派的新官员的到来，当地的局势才逐渐稳定下来。在北部和东部的绿洲里，他们已经控制住了这些恶势力的影响。当地人给恶势力起的雅号是赌徒，或因为自革命以后，他们穿上了欧洲式的服装，而称他们为喀拉赛派克，即黑帽。然而，塔里木盆地南缘却完全没有中国军队来采取有力的措施以防止这些人的捣乱。结果，我在和田和克里雅均发现，这些地区的长官被这些所谓的"革命者"（实际上是冒险者和赌徒的头目）的阴谋诡计所威胁和妨碍着。这些人似乎已经发现遥远的且末绿洲是个方便的活动场所，从阿尔喀塔格矿坑中出来的名义上官方预定收购的黄金，大部分通过这里流了出去，就像走私鸦片至甘肃一样。非法获取的黄金意味着高额利润，而且末则是一个理想的基地。

　　我到达且末后，就从当地商人那里听说到，一小队装备精良的赌徒，被若羌长官禁止大宗走私鸦片的命令所惹恼，已在两个星期前出发前往若羌。他们沿途实施暴行，攻击官署并捕获了不幸的长官（区长）。且末的地方长官显然无力防范此类事件的发生，因为躲在幕后的一帮"革命者"一直恐吓着他，使他感到左右为难。他给我写了两封致若羌衙门的介绍信。一封是写给无力的按办，假设他采取一些措施后已获得了自由和权威。另一封是写给当地"革命者"的头目，他是一位师爷或离职的小官，因为听说"政变"成功而前往若羌，他精明地猜想他能取代旧任而成为新的区长。

　　1914年新年前夕，我们从且末出发，经过7天约142英里的旅行，到达了若羌地区最西边的居民区瓦石峡。我们走的是平常的商道，它沿车尔臣河左岸一直通至拉什喀尔萨特马。顺河往下到瓦石峡的道路，对我来说虽然是头一次，但因为另外一些旅行者已走过这条路并有详细的记载，我就不再赘述了。

就古迹而言，我要提到的是，在我第二次考察过的塔提让以下约10英里的地方，有座名叫梯木的小丘，当时我认为这可能是一座佛塔的塔基遗址。其位置在河的左岸附近，说明在佛教时期这里应有一个小的居民点，这就与以前讨论过的唐代中国僧人返回途中所记载的材料相一致。其说法似乎表明在那个时期，从新城或瓦石峡来的道路，顺着拉什喀尔萨特马附近河的左岸，通向且末或车尔臣。

我发现，塔提让现是这两处地点之间唯一的居民点，其户数已增加到约25户。在此我又见到了以前的老向导依斯马勒·帕万（他是这块小居民点开拓者的后人）。据他说，1906年时，这里的人家仅有8~10户。这里虽然一年四季都有充足的水量，可进一步开垦荒地，但从两条被废弃的沟渠来看，这里也有特别的困难之处，即沟渠泥沙沉积太快，而劳动力严重不足，致使淤泥不能得到及时的清理。

离开塔提让以后，我没有碰到任何一个行人，这使我感到非常奇怪，这使我对在若羌发生的情况产生了怀疑。但是，1月6日，当我们接近瓦石峡西缘的丛林地带时，我们才发现这条路已被一大群武装的伊斯兰教徒所挡住。起初，他们在远处把我们误认为是一伙新的"革命者"，准备着手进行抵抗（图73）。幸运的是，这个误会很快就被消除了，因为从瓦石峡来的头领是我的老熟人

图73　在且末通来的道路路口驻守的瓦石峡人

肉孜伯克。从他那里，我得知了这条路上发生的奇怪故事。从且末来的第一批人，俘获了肉孜伯克，并在搜刮了瓦石峡值钱的东西后，迅速赶赴若羌，假奉喀什噶尔道台之令，以图谋反革命的罪名，要去逮捕按办。那天夜里，按办的随从们及他匆忙集合起来的地方头领都弃他而逃，衙门被攻破。于是这个孤立无援的长官（推事）也被迫仓皇逃生，他在一户农户的家中躲藏了一个晚上，但消息被泄露出去。次日早晨，那伙歹徒包围并火烧这座房子，迫使他逃出来，随后他即被击倒、俘获，当地民众都冷漠地旁观着这一幕。随后那伙人就折磨他，直至他说出公款所藏之处为止。几天以后，他被残忍地处死了。

这帮"爱国者"的头领暂时地自封为按办，并得到了包括肉孜伯克本人在内的当地头领们的服从。在新按办的领导下，衙门迅速恢复了工作，一封宣告"爱国"运动有理的信件被发给乌鲁木齐的总督，以后的几天似乎平静地过去了，这批人得以随心所欲地享用可怜的罗布地区总部所提供的钱物。幸运的是，这个新按办的"革命"政权注定是短命的，我从且末带来的给他的介绍信，如同给他前任的介绍信一样，都未能派上用处。此后不到一个星期，从北边遥远的焉耆来了一小支队东干军队。派遣军队维持治安这件事本已预先告知原先的按办，并要求他给予协助。但军队来得太迟了，以致原先的按办在"革命"中丢了命。然而谋杀他的那帮人也很快得到了报应。这支由一个年轻有为的军官指挥的东干军队，在夜里悄悄地进入了同样可通融的伯克所居住的瓦石峡绿洲，对"革命党人"发动了突然袭击。大部分"革命党人"在睡梦中被杀，其头领也在进行了短促的抵抗之后被处死，其余的人都被俘获。若羌又一次平静了。肉孜伯克作为合法政府的支持人，又一次展现出他的热忱，他带人设了一个埋伏，以防备可能从且末流窜来的另外的"革命者"。这些"革命者"有可能完全不知若羌已经发生的一连串事件，想趁火打劫，掠夺"官府"

的财物。忠于职守的肉孜伯克爽快地放行了我们，使我们在当天就通过了瓦石峡，为以后在若羌进行的考察争取了时间。

这个短命的叛乱故事之所以值得我在这里简短地记录下来，是因为它不但有着准历史的意义，而且就像以后证明的那样，若羌发生的这些情况对我冬天的工作计划产生了一些影响。这次叛乱是1912年以来爆发的一连串事件中的最后一个，威胁到当地局势的稳定，扰乱了塔里木盆地和平和正常的秩序，其过程也表明了当地民众的软弱性，由此从外面来的冒险者即使不是孔武之人，也很容易获得当地人的服从[1]。我在下面要解释的是，这些地方事件的发生而引起的行政管理上的混乱，最初如何阻碍了我的考察准备，后来又证明这正好可借以托辞，以逃脱官方对考察的阻挠。

1906年11月，我首次经过瓦石峡的时候就已考察了其以西的遗址，并在《西域考古图记》中进行了详细叙述。这次是我第二次对该地进行简短的访问，除了重新查看了以前考察过的遗存，还发掘了几处不重要的建筑遗存。在一处建筑遗存不远处，有一个红柳包，已露出里面另一个小型建筑的土坯墙。距其东北约200多码，散布着一层骨骸，其所在地有红柳包保护，说明葬于此地的死者不是伊斯兰教徒。其证据之一是该地中间高约6英尺，上

1　年轻精干的指挥官及其少数士兵深夜袭击"革命"分子的方式，与公元73年班超采用突然袭击的方法有些类似。班超率领仅有的36名士兵趁着夜色袭击了毫无防备的匈奴使者的营地，并把他及所有随从一并消灭。

面有段残墙，长约15英尺，现存高度为8英尺，可能是墓地的一段围墙。

在红柳包间的裸露风蚀地上散有塔提的残物，从中拣拾出玻璃、金属质地的小件器物，其中特别要提到的是灰色硬陶器残片，大部分有蓝绿色的釉，有些上面还有细微的冰裂纹。它们在特征上与我以前从该遗址采集到的标本非常接近，霍布森先生鉴定其年代为宋代。另一些精美的硬陶器残件，呈深褐色，与唐代的陶瓷制品非常相似。从该遗址中获得的唯一的钱币是一枚崇宁时期（公元1102—1107年）的中国钱币，其年号证明了我根据前次考察获得的钱币得出的该遗址下限至公元12世纪的结论。

在《西域考古图记》中，我已经讨论了关于瓦石峡遗址即是"新城"的证据。《唐书》曾提到粟特血统的首领康艳典曾一直居住在"新城"里，我从敦煌"千佛洞"中发现的公元885年的中国地理文书中也有类似的说法，因此我们可把"新城"的创建年代定在公元627—649年这一时期。在《西域考古图记》中，我还记录了第一次考察时形成的关于这片小绿洲自那以后间歇性扩展的印象，即当地最后一次发生叛乱后，中国人重新收复治理塔里木盆地，在老遗址东面约5英里的地方建立了新的城镇。

尽管这次考察如同过去一样简单，但在知识丰富的肉孜的引导下，我还是对1909年以后瓦石峡的发展做了一些重要的观察。我们在穿过名叫阔纳河（意为老河——译者）的夏季洪水河道后，即来到了新开垦的土地西缘，发现田地耕种良好，种上了幼小的杨树和果树，其地不仅向东延伸出1.5英里，而且由南向北进一步向外延伸。上次考察时我在一个小谷仓和官员休息室附近见到了几处塌落的棚屋，而现在代之出现在村落中央的是较多的结实住房，其中包括伯克的宽敞住屋和一座较规整的清真寺。所有这些建筑使用的木头均是野生白杨木，雕刻精美。我在那里遇到一群富态的耕种者，与1906年见到的少数几个自称是定居者的男人形成强烈的对比。这表明肉孜伯克的移民队伍已扩大了不少，据称户数在这几年中已从20户增加到约127户，这个说法当与实际情况相差不远。

1月7日早晨，我顺着已经整修过的主渠，来到了距肉孜伯克房屋南约2英里的渠首。渠宽14英尺，深2英尺，完全证实他所说的渠中一年四季均有4塔什或磨石（指水磨转一圈所需的水流量——译者）水量的说法，而在春季，渠中的流量更大，达15塔什，大大超出了春季灌溉所需的水量。据说，从6月至9月，阿克苏水量很大，除了注满渠首处的宽达170码以上的名叫库木河的主河道，还注进遗址以东的两条老河床。

根据上述情况，古遗址所在的西边老绿洲的废弃显然不能归因于河水的急剧减少。按照肉孜伯克的说法，现今仍能寻找到很长一段古渠道，商道曾从此穿过。事实上，它远通至瓦石峡河流至沙砾缓斜坡地的地方。旨在保护渠道的一道石筑堤坝仍在那里，亨廷顿教授已证实过这一点。古渠的宽度为新渠宽度的一半，根据肉孜伯克的意见，其引水量还不到河中现有的那点水量。但因为新河道的深度比老河道要大得多，所以不可能恢复旧水渠系统。

我要在此提到的是，据肉孜伯克报告及残存的遗迹，在瓦石峡河流出山区的地方，即在现已不能通行的极狭窄的瓦石峡峡谷上，古时曾架有木桥，古道即经过此桥通向名叫苏拉木亚依拉克的高山牧场。现在通向这个牧场的是另外一条艰难小道，它顺着塔什萨依的狭窄河谷而行。据说，在车尔臣河—瓦石峡的商道以南的高沙丘间，仍可找到由车尔臣河及东边的乔库尔恰甫溪流哺育的古渠的痕迹，但肉孜伯克自己却未曾见过。这个精力充沛的拓荒者还相信，从塔什萨依河（源自喀拉苏泉水）可输水至灌木覆盖的恰祥喀勒迪平原，从而计划在那里开辟新的耕地。他在瓦石峡的投资冒险已经获得成功，上一季他所收获的谷物达2 000多恰拉克（近3 2000磅），这极大地鼓舞了他。

第二节　阔玉马勒和巴什阔玉马勒遗址

顺着马可·波罗及他以前其他旅行者所走的商道，经过两天行军，我终于在1914年1月8日到达若羌。从1906—1907年的访问中，我已经注意到了这片小绿洲的资源非常有限，但它是罗布地区唯一重要的居民点，也是该地区的行政总部。正是在此，我得采买所需的物资及租用骆驼和雇用劳力，这些都是我今后三个月内在塔里木河尾间沼泽地带以及与敦煌之间的沙漠从事考察活动所必需的。尽管我对执行这次任务面临的困难有所准备，但最近的动乱及其所造成的影响已经严重地加剧了这些困难。

来自且末的"革命"突然爆发后，东干军队很快于12月29日晚上发动突然袭击，从而镇压了"革命"，他们"无意地"杀了按办的几个合法的汉人随从，自此那里就没有什么文职的管理人员了。在这种局势下，我们显然不能指望从懒散的罗布里克人（即垦地的大部分主人）以及他们懒惰的伯克那里得到什么有效的帮助。在我到达后的几天内，大批的东干军队从此地经过，他们是从焉耆派去镇压在克里雅及和田中国驻军中大量"革命"分子的。随之而起的物资需求对资源本已匮乏的若羌来说犹如雪上加霜，加重了后勤供应的困难，严重地影响我们补充给养及几个小组的交通工具。我在若羌停留了6天，费尽周折才弄到一小部分必需品。尽管我有几个罗布里克老朋友的帮助，例如吐尔逊巴依（现在又一次成为我的房东），但我仍感觉到万分焦虑，度日如年。假如当时我能认识到"革命"的骚动对我避开官方干扰来开展考察恰好有利，我也许会少一些烦恼。

在《西域考古图记》中，我已讨论过若羌的近代历史和现在的局势，还叙述了该绿洲中残存的少量早期居址。我还详细地考察了若羌在罗布地区历史地理学上所居的地位，它即是中国古书所载的楼兰或鄯善，并指出了把它确定为马可·波罗所说的罗布城，玄奘所述的纳缚波（即罗布），以及唐书所记的石城或石城镇的各种理由。至于它的早期，我已经说明它可能是《汉书》和郦道元《水经注》中提到的鄯善或楼兰国都城伊循，而公元前77年建立的中国军事据地的遗址则一定要在现在若羌的绿洲范围内去寻找。

尽管我在若羌的停留时间直接取决于上面提到的实际困难，但我仍幸运地把时间花在了有益的考古工作上了。在这一绿洲范围，可找到的古代建筑物仅一处，其位置在《西域考古图记》已经描述过的遗址的后面。它是一座坚固的土坯垒砌的小丘，直径有15英尺，位于城墙或斯皮勒遗址的中心附近。据其形状和大土坯的尺寸来看，它应是一座佛教塔基遗存。在耕种区的南边，我还找到了以前疏忽的两处较重要的小遗址，1910—1911年时日本旅行者橘瑞超先生曾到此考察过，迹象表明其表面都被翻寻过。

顺着若羌河主河道右岸走约1英里，我来到了名叫阔玉马勒的带围墙的小遗址，其地点是在现耕种区南边的一块沙砾覆盖的冲积平原上。残墙用土坯砌成，厚约8英尺，平面呈不规整的四边形，其东面218码的地方（图74），两墙已被河水完全侵蚀，其他几面的长度也不能确切地测量出，已不清楚围墙围起来的这块地方是方形还是长方形。其中心较高，无疑是一座塔基，在塔基和围墙间的北面、南面和东面，可找到宽4英尺多一点的一条过道（图74）。

距塔基西边约9英尺的地方有两间小佛殿，每间长约20英尺，宽9英尺，台阶约宽8英尺，似乎向上通向塔基。但是因为塔基西面的所存的泥瓦墙已塌落至约1英尺的高度，因此其详情不得而

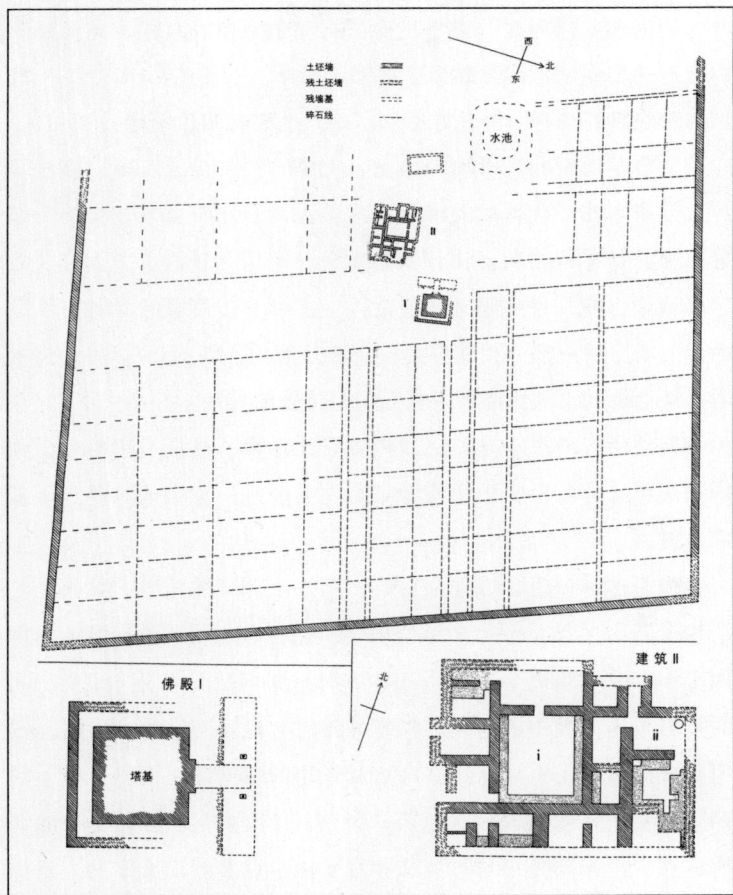

土坯墙
残土坯墙
残墙基
碎石线

西
北
东

水池

II

I

佛殿 I

塔基

北

建筑 II

i

ii

图74　阔玉马勒遗址古堡平面图

知。不管怎样，在每间佛殿的西墙上均还可找到5个小龛，龛间彼此用泥塑壁柱分开，龛中均保留有泥塑站像的双脚。离台阶北边最近的小龛中带袍泥塑像膝部以下尚存，存高有14英寸。佛殿近台阶底脚处均有一个长方形木柱础，上面有圆形突起。

从覆盖佛殿的瓦砾堆中出土了大量的彩绘灰泥残块，多数残片上绘有莲花或莨苕类的鳞状图案，无疑是花草背景壁画的一部分。有一件木画残块，上绘植物主题，可能是柱础上方木柱上的绘画残块。在几件木雕刻残块中，应提到一件镂空的木雕块，系涂金的右手的一部分，其手大小似真人手（图75，上）。另一件木雕残块上绘的手掌仍清晰可见，应是佛像的残块（图75，下）。在泥雕残块中，有些是属于已经提到过的雕像。从所有这些残余物的情况可以分析出，该佛寺曾被有意破坏过，原因或许是为了弄取木材。

距上述佛寺遗址西南约30码，有一个低矮的丘堆，从出土的遗物来看，明显是一座小型僧房建筑遗存，编号为 Koy.II。僧房用土坯砌成，现高1~2英尺。图74中的详细平面情况可说明房间的平面布局，其中几间有可坐或可睡的土台。南排的小房间，很明显被橘瑞超先生翻寻过。西边和东边的房间除了可能是镜子的铜圆盘残块，未发现什么东西。大房间 I 可能是僧伽们集合的场所，在那里发现了书写有梵文和笈多体早期婆罗米文字的大量棕榈叶残片，其中包括手写得非常潦草的菩提叶的左边部分。此外，在同一房间中，靠南墙坐台的边缘附近，还发现了用梵文和笈多

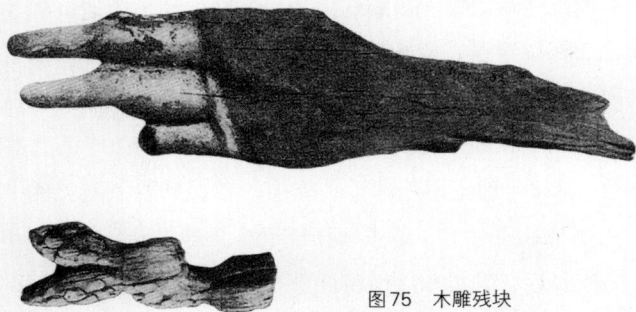

图75　木雕残块

字体书写的桦树皮残块。

　　除了刚才叙述的两处遗存及 II 西边几乎毁坏无存的一处长方形建筑，围墙内未发现别的建筑遗存。在其西北角，有一片洼地，直径70~80英尺，周围有沙砾堆，明显是从河流引水的一处池塘（涝坝）。但更奇特的是如平面图（图74）所示的几排粗石，把围墙内的地方分成不规整的棋盘形。有些排石与自中心建筑开始的小路相平行或交成直角，其用途似乎是用来划分土地区块的。排石本身初看起来似乎是墙基，但石头放置得太松散，且排列得非常图表化，所以不太可能是墙基石。那时，我曾猜想可能用来布局设营，因为其方式与印度平原营地通道常用白绘石头和砖头分开的做法相类似。但不管怎样，正如平面图所表明的实际情况那样，没有别的证据可以支持这种猜测。

根据现在新疆绿洲果园的情形以及在前述尼雅遗址中找到的早期葡萄棚架遗存，我们认为，这些迷宫似的排石（即以这些线条排列的小石堆），很可能是用来支撑、加固葡萄棚架的。从此我们联想到我从敦煌千佛洞中带走的编号为 MS.Ch.917 的遗书，在这本公元885年的中国地理学著作中，曾提到若羌附近的一座石城。正是从这遗书中，伯希和摘译了有关鄯善或罗布的一小段记载："葡萄城，（从此城）南行四里至石城坚固之地。此（指葡萄城——译者）为康艳典所建，于城中种植葡萄，所以称葡萄城也。"

其记载可能有一个错误，因为根据它的说法，人们只能到"石头城"或若羌以南约4里的距离去找由粟特首领在阔玉马勒遗址所建的"葡萄城"。但是检查从各遗存中出土的遗物，我未发现令我自己满意的任何确切的证据，也缺乏指明该遗址曾在唐朝早期使用的文书残片[1]。

南边名叫巴什阔玉马勒的遗址，面积较小，但显现出一些重要特征。它位于沙砾平原之上，在阔玉马勒南西南方向约1.75英里，位于结有冰层的较浅的若羌河支流的后面。若羌河主河道（宽约25码，水从河道中间下流）的西岸是一座非常陡峭的沙砾高原，

---

1 我获知并实地见过的唯一的古遗址，名叫托格拉克里克，是位于一块荒地后面的一处围墙遗址，距若羌巴扎约2.5英里，正处于向北通向罗布泊的主道上。它的垛泥墙高5~6英尺，形呈规则四边形，面积为90码×80码。在其内外我未找到任何遗物。

其东北端俯视着若羌对面的塔提让水渠的渠首。渠首处有一座城堡遗存，其形状呈半月形，从高原边的尖端向南伸出205英尺（见图76中的平面草图）。从现存的残墙部分来说，不是圆形，而是显现出六边形，从外面丈量每面约45英尺。如果城堡平面原来就是六边形，那么整座城堡的直径接近210英尺。

围墙厚4.9英尺，用土坯砌成。西面的围墙保存得最好，仍有6英尺多高。其他各处则已塌落成一座低丘，但其原有的厚度通过发掘仍可找到。墙外有洼地，应是濠沟。北面和南面的围墙在至高地边缘时突然中断。这里是高地边缘，直下河床，说明城堡的围墙以及围入的东半部，由于紧靠河流右岸，受到河流长时间的冲刷而被冲掉了。

这一结论可用高地边缘或近河岸遗留的厚墙（平面草图中标为II）所证明。此墙正位于围墙遗址的中心（图77），其位置说明它可能是古堡的中心部分或塔楼，形状可能是方形，遗憾的是其他的墙由于靠近河流而被冲失了。古堡西边两条围墙的交合处有一道大门，由此可进入小堡的内部。在从大门到中心建筑断墙的南边，有一个被严重破坏的丘堆，我们在发掘中发现，它是呈方形的周有回廊的塔基或寺院（在平面草图中标为I，见图76）。

如图78所示，如同在阔玉马勒遗址发现的那些建筑那样，塔基用砖坯砌垒而成。可能是因为"寻宝人"的盗掘，塔的各面均已被严重破坏。我们在塔基的东面找到了台阶，其余各面均发现残留的灰泥浮雕装饰，即每面各有5个小龛。这些壁龛均已残损，

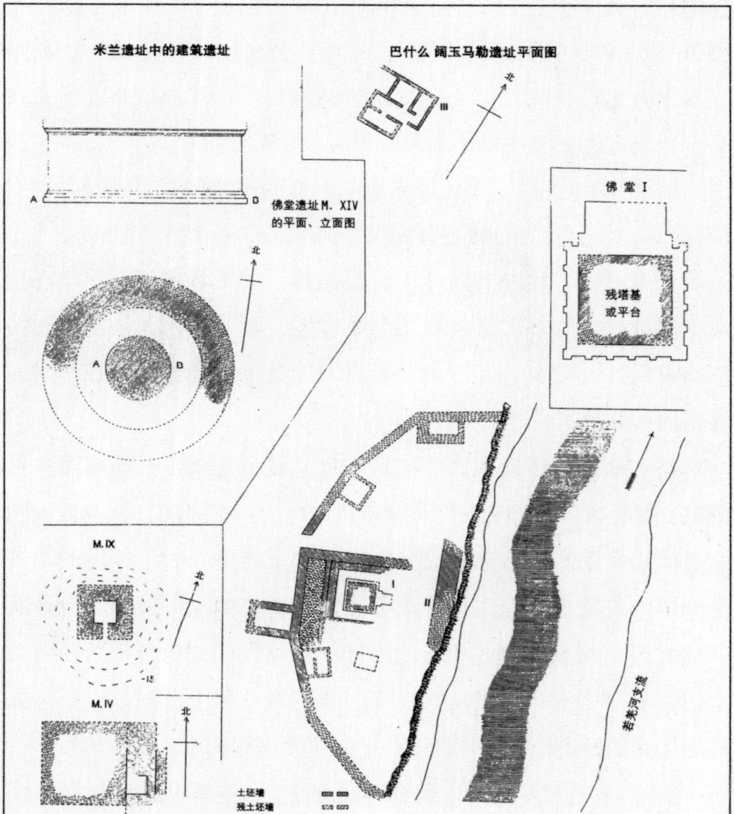

图76 米兰遗址中的建筑遗址和巴什阔玉马勒遗址平面图

图77　巴什阔玉马勒城堡中心附近的墙壁

高不超过1.5英尺，宽为2英尺，龛间用半露柱隔开，也许和米兰佛寺 M.II 的壁龛处理方法相似。北面和西面的一些壁龛中还残留有泥塑小像的双脚。

在西北角左边壁龛下的重要发现是一块放在丝绸上的大菩提叶。此菩提叶保存很好，叶面包有一层白色的物质，两面有用梵

图78　从西北望巴什阔玉马勒的寺院或佛塔遗址

文和优美的笈多体婆罗米文书写的一篇佛经。据我所知，它是目前发现的第一件用印度语文字书写的丝绸标本。如尼尔乔斯证实，印度用棉织品作为书写材料。从塔基西面的底脚处，出土了大量的用梵文书写的桦树皮小碎片。同时，在西南附近还出土了一些棕榈叶文书小残片。这些桦树皮和棕榈叶的梵文书稿残片，在阔玉马勒和巴什阔玉马勒遗址均有发现，特别重要的是它们说明这些东西应是由近道从印度进口而来（至今仍有从若羌经西藏高原通向南面的近道）。其古文字的书写特征说明该佛寺及其附近的小堡的使用年代是唐代早期。

属于这时期的发现还有泥雕像残块，包括近真人大小的佛头残块和另一些木头和灰泥的小遗物，它们都发现于塔基处。特别要提到的是大量彩色丝绸残片，其中一块残片写有一个汉字，明显是还愿幡旗上的残片。围墙的内外还可见到一些小建筑的残墙。在清理时，除了屋顶材料及粗糙的木雕块，未出土别的遗物。北围墙西北约50码的地方，还有一处已遭严重破坏的遗存，即 III 号小型附属住房，里面什么也没有发现。

关于围墙的确切用途，目前没有什么直接的证据。但值得注意的是，它位于若羌到若羌河谷谷口的通向昆仑山脉最北面高原的小道上。还有，它位于很难维持耕种的一个地点。由此我推测，此处围墙遗址是用来保护南边山区通向这块绿洲的通道的防御哨所。同时，它里面有小型佛寺，还靠近现在还在灌溉当今若羌绿洲的沟渠渠首，就像在新疆绿洲的"苏巴什"上通常会发现佛教寺院遗址，后来又修建伊斯兰教徒墓地那样，所以很可能是耕种者祈求给他们的土地带来充足灌溉用水的拜佛场所。

第三节　重新在米兰探险

我感到高兴的是，由于雇到了较多的劳力，1月14日傍晚就完成了对刚才叙述的若羌附近的两处遗址的清理工作。由于军队经若羌前往克里雅镇压"革命党人"，这片小绿洲现呈现出少有的生气，但这种状况也给我进一步沙漠考察的准备工作，即筹措交通工具和后勤供应增加了困难。我更感到紧张的是日期的延误，因为我深知在向北出发前，我还要花一些时间在米兰遗址做一些辅助性的工作，所以用于完成主要考察任务的冬季时间非常有限。在1月15日我们决定离开若羌前往米兰时，仅补充了少量的骆驼和食物。

我感到欣慰的是，我们在若羌停留的最后一天，分别4个月之久的拉尔·辛格平安地来此与我们会合了。他于去年9月在其其克里克山口与我告别后，便按我的指示，急行军通过莎车及和田，于10月中旬开始了对昆仑山主脉喀帕段的三角测量工作（1906年我们做的三角测量仅到达此山脉的东端）。由于此项工作需在海拔较高的地区进行，而且这时候季节已经较晚，当地物资缺乏，所以工作难度较大。面对这些困难，这位满腔热忱的助手毫不畏惧，成功地沿着最北面的山体，进行了系统的三角测量及仔细的平板测绘，测绘的范围东西跨达5个多经度，直至罗布泊东北山区。

这时，天气严寒，又有降雪，迫使他不得不停止那里的测量工作。

　　尽管在严酷的气候条件下完成了上述的大量工作，但拉尔·辛格并未休止，又马不停蹄地开始用平板仪往敦煌方向进行测绘，此时沿着阿尔金山脉外围低山丘陵的道路已是冰雪覆盖。他穿过我第二次考察时调查过的南湖小绿洲及北面的沙漠，最后循着罗布泊南岸的小道来此与我们会合。此路艰难异常，但如同马可·波罗的时代一样，它是商旅驼队穿越罗布沙漠的唯一可行之道，这是因为如同拉尔·辛格小组发现的那样，沿路有许多不结冰的盐水泉。拉尔·辛格他们由于不得不长时间地饮用这些泉水，因此深受其苦。

　　我们沿着1906—1907年两度走过的沙漠小道，经过两天的跋涉，到达了米兰，沿途未有新的发现。伸展于米兰河或江罕萨依河东面的遗址自上次考察以来也未发生什么变化，它是"鄯善或楼兰王国"（相当于现在的罗布地区）最早的都城所在。鉴于该遗址在历史上的重要地位，因此在讨论我们在此做的两个星期的补充性考古工作之前，我不能不说一下自我上次考察以来现代米兰发生的变化及其他所拥有的自然条件，因为它们不仅具有重要的地理学意义，而且对我们研究地方史也很有帮助。

　　1907年时，我发现米兰的耕种区局限于长约2英里的一窄条地方，距河流洼地（在洼地中，米兰河分出几条向北的支流）的西岸较远，耕地分散且耕种不充分。向北走约一天，即到达塔里木河尾间的阿布旦和库木恰普干，这是由罗布里克渔民、猎户或牧民在此建立的小块移民点，种植小麦和大麦。耕种间歇进行，与他们传统的半游牧生活方式相符合。1907年我们就听说过，尽管塔里木河沼泽地在夏季时蚊虫肆虐，令人烦恼，致使有些罗布里克人在夏季时要在米兰住上几个月，但罗布里克人不在米兰常住。移民点耕种区的北边紧挨着浓密的野生白杨和红柳树林，给这些勇敢的移民们提供了足够的庇护。在阿布旦，像诺尔·穆罕默德伯克以及莫拉·沙赫（我以前去楼兰遗址的向导）这样的富人，对芦苇棚里的生活及财物已感到心满意足。

当7年后回到同一地方，我惊喜地发现宽阔的河床左岸已建立起有10多户舒适人家的小村庄，其连绵的田地正向外延扩。像若羌的房屋那样，这里的房居均用结实的土坯垒建而成。从附近浓密的胡杨树林里伐来的木材，被大量地用作梁柱（图79）。大多数房屋后面都种植着幼小的果树，村庄中心的开阔地上甚至还有官员的休息室（图80），这是单独的一个大房间，带有围墙围成的庭院，给我提供了舒适的休息场所，特别是它可抵挡住冬季罗布泊地区冰冷的寒风。这些变化，说明自上一两代，这些塔里木河下游的半游牧的渔民和狩猎者已开始转化成临时的农耕者。最后一次到米兰的移居活动约发生于1911年。奇怪的是，此前两三年他们已在阿布旦建筑了砖木结构的住房，但后来我经过此地时发现，这些房屋已被废弃。其原因除了已沦为若羌"革命""牺牲品"的按办大力提倡开荒，加速罗布里克人移居到米兰的另一原因，是他们害怕愈来愈多的若羌移民进入他们"祖传"的耕地上去。

当我了解到米兰河可供灌溉的水量时，罗布里克人忧虑的缘

图79　在住房前的米兰头人努尔·穆罕默德和他的儿子

由就变得十分明显。据可靠消息，在春季播种时节里，米兰河水量达15塔什或磨石。其后水量逐渐减少，直至山区积雪开始融化、水量增大为止，但供水量据说从未少于3石。而自6月以后，阿克苏水量大增，远超出耕种所需的灌溉水量。尽管罗布里克人有意隐瞒，但谁都知道米兰河的水量远超过若羌绿洲的有效水量，而

图80 米兰新村的房屋

且米兰拥有土地的人数与充裕的用水量甚不相称。依布拉音伯克
是水利灌溉方面的权威（曾长时间担任米拉甫伯克或策勒绿洲和
其他地方的沟渠监督员），他根据所收集到的这些资料，认为如果
米兰的劳动力能与策勒一样多，利用米兰河水进行的灌溉农业就
可足以维持约500户人家的生活。但实际上我参观米兰时，那里

的农户仅30户，其中甚至还包括了出去放牧或打猎的人家。

这些事实及中国史书的有关记载，对我们确定米兰东边的遗址，即为汉代罗布地区首府的扜泥提供了证据，我根据1907年考察获得的"废弃—重新利用"过程的考古学证据作出了上述的假设。"楼兰"或"鄯善"古都的这些突变与更西面的且末、瓦石峡和若羌绿洲的历史变化非常一致，所以我对能重访米兰感到特别满意，它使我目睹了古"南道"（和田至中原）上最遥远的古遗址附近的复兴过程。

人们也许要问，究竟是什么使我离开米兰遗址这个荒僻之地三年之后还要执拗地回来？回答是因为我念念不忘那年我被迫遗留于第五（M.V）佛寺过道墙壁上的精美壁画。它是在中国境内佛寺遗址中发现的一处准希腊绘画艺术的遗存，具有独特的重要性。由于复杂的技术问题，我在第一次访问该遗址时不可能花费大量的时间去整体剥离这些壁画。1908年春，我曾派奈克·拉姆·辛格去剥离为保护而重埋起来的壁画，但因这位忠诚能干的助手在该地准备执行这项任务时不幸失明，因此这一任务未能完成。

据奈克和依布拉音伯克的相同说法，1908年在他们离开第一次发掘时发现的彩绘壁画之前，已按我的指示，全部进行回填保护。遗憾的是，1月17日重访此地时我发现这一措施并未能奏效。在环形过道南半部外墙尚未损坏掉的灰泥墙面上，我发现须大拏本生故事的精美壁画以及下面装饰花彩的阿莫里尼之间出现的人像，已经暴露在外并已完全褪色。据米兰的罗布里克人断言，这是三年前一个日本旅行者（明显是橘瑞超先生）的翻动所致。此人从吐鲁番方向过来，在这个遗址上花费了几天时间，从而在前往敦煌时带走了他成功剥离的壁画块。他所剥离或破坏的位置一定是1907年保存下来的横饰带主体部分。至于剥离的壁画块在何种条件下运走，以及它们现在是否已被研究过，我至今仍不清楚。

　　遗憾的是，各种情况表明由于时间匆忙和工作草率马虎，这些抢劫性的剥离已对壁画造成了许多的损坏。此外，在剥离壁画时未能去掉背后的硬砖墙，正如1907年的经验表明，没有这道工序，要完全地剥离易碎的彩绘灰泥是不可能的。佛寺的环形过道未进行过系统的清理，我们回填的沙土仍原封不动地堆放于塔基四周。当开始快速检查环形过道北半部，发现墙裙仍原封不动时，我的懊恼在一定程度上减少了不少。幸运的是，残存下来的壁画画块的剥离工作在我的指挥下，于2月20日开始了，我们首先进行的是一系列新的照相记录（图81、82）。所遇到的困难与我们以前所经历过的一样严重。

　　揭取是一项非常复杂的工作，大部分由具有熟练技巧的奈克·夏姆苏丁承担，阿弗拉兹·古尔和我则当助手。此时，东北来的寒风时时袭来，使我们工作时痛苦不堪。我们所用的方法与我上一次考察该遗址时成功地处理 M.III 壁画时的方法基本上相同，首先把易脆的壁画块剥离下来，然后从背后进行加固，并把它们包裹起来，以保证它们在长途运输时安然无恙。但是正如前面所记述的那样，第五佛寺中的灰泥层非常特别，其表层平整但非常

图81　米兰遗址，M.V 佛寺内圆形走廊西北壁上的部分彩绘

图82　米兰遗址，M.V 佛寺内圆彤走廊西北壁上的部分彩绘

图83　民工们正从米兰遗址 M.V 佛寺壁上揭取壁画

薄脆，而内层则较软，缺乏黏着力，所以刚开始剥离时非常麻烦。

　　护墙裙的壁画系列，均画一个人像或戴花环的裸童。借助在第一工兵部队的车间里预先准备的特殊器具，我们现可按顺序安全地把壁画剥离下来。在此工作之前，必需的工作是用一种挖坑道逼近的方法把后面的墙壁有条理地铲掉。砖头异常的坚硬，周

图84　捆扎从米兰遗址 M.V 佛寺取下的壁画块

围还有腐烂的淤泥，灰泥层又极端的脆弱（加起来仅1英尺的厚度），所有剥离活动成为一项又慢又细致的工作（图83）。壁画剥离以后，要把帆布敷到画块的背面，这是一项非常必要的预防措施，必须就地进行。虽然临时的毛毡帐篷能遮挡住一些刺骨的寒风，但在寒冷的气候中胶不易干粘（图84）。最后，要用新砍下的树干做成结实的箱子，把捆扎好的灰泥壁画块装入箱中，其四周须用厚厚芦苇垫护，这项劳动费时也不短（图85）。

揭取这些精美的佛教绘画艺术品的工程非常艰巨，我们花费了整整12天的时间，才在离开米兰的前夕得以最终完成。不管怎样，我仍感到遗憾的是，当年由于条件所限，发现壁画以后未能立即进行揭取，以致损失较为严重。但我用现在的经验来看，那时对技术困难的评估还是正确的，因为克服这些困难必定需要花费大量的时间。

我在北面的环形过道里第一次看见的护墙裙的壁画，已记录在《西域考古图记》。至于现仍躺卧于箱子中的所有壁画块的细节情况，还要等到在新德里博物馆中展出时，在较舒适的环境下仔细观察才能了解（这项工作已于1925年顺利完成）。在重访米兰期间，我就以前注意到的如 M.IV、M.VIII 和 M.IX 那样的建筑遗存，尽力收集了有关的补充性资料。同样，在阿弗拉兹·古尔的帮助下，我进行了更详细的遗址调查。除了以前已经调查过的建筑物，我在重访米兰期间还找到了以前未发现的，隐藏于北面密集的红柳包中的一些遗存，其中有两处遗存特别重要。

在我到达米兰的第一天，罗布里克老人吐尔逊阿洪就告诉我，他在北面的"墩里克"或沙丘中看到一个丘堆，并从 M.II 处带我前往。这个现编号为 M.XIV 的小丘，坐落于吐蕃城堡（M.I）正北方向1.75英里的地方，粗略一看，很容易把它混同于一般的沙丘，其高度为8英尺。我们迅即对它进行了清理，表明此丘堆中有一

图85　在米兰制作盛放壁画的箱子

个小的圆形建筑物遗存，残高约5英尺，显系佛塔的中央塔基（图86、76），上面覆盖着灰泥残块。塔基下为三层基础，上面是一层叠的线脚（从图76的高度上看）。其环形走廊仅宽4.5英尺，围墙的宽度近5英尺。围廊的墙上有非常模糊的彩绘图案，主题难以确认。但从残存的颜色和轮廓来看，风格似乎与 M.III 和 M.V 的

图86　米兰遗址，发掘后的 M.XIV 佛寺

壁画有所不同。

在清理出的小件器物中，有 5 枚吐蕃文小木简，发现于走廊的北面和西北面。这表明，M.XIV 这座小寺院，即使其建筑年代与 M.I 吐蕃城堡有所不同，其使用年代亦应与之同时（公元 8—9世纪）。从该塔的线脚风格明显不同于 M.III 和 M.V 的塔基来看，

它的年代似乎比它们要稍晚一些。有一块拉毛灰泥，镀金，显系佛像残块；一个镟制的木盒，带有漆饰的痕迹；几块木雕残件，其中一块画的是我们熟悉的犍陀罗四叶花卉。在建筑地面上方约5英尺的层面上，有一层夹杂有芦苇、麦秸和羊粪的垃圾，表明这处小遗址像 M.II 附近及其他地方的遗存一样，后来曾被用作牧人的庇护场所。

另一个丘堆（M.XIII）是我的一个发掘民工报告给我的，位于M.XIV 东北面不远处仍活着的干红柳丛中，它是一个炮台状的塔形遗存（图87），在风格上与我在1907年考察过的南面附近的 M.XII 烽燧非常接近。其基础约17平方英尺，高出原始地面约16英尺（风蚀把原始地面削低了约8英尺）。站在附近的一处红柳包顶上眺望，可看到北面和东面广阔的红柳包地带，还有远处地平线际闪闪发光的盐碱荒地上的塔里木河尾闾沼泽。这种令人伤感的风景，恰与罗布盆地南部人所不知的无人区相宜。

1914年1月18日，米兰的罗布里克人尼亚孜作为向导，陪我来到了比这个古烽燧更令人疑惑的 M.XV 遗存。它处于 M.V 东北约1英里的低矮的红柳包中，离河东岸植物生长地带不远，是一个夹杂有硬泥块和土坯的不规则形的丘堆（图88）。我在暴露的斜坡上做了初次调查，未发现规则的土坯墙，继续清理也未有什么发现。这些工作共花费了两天时间。丘堆高约15英尺，塌落的堆积证明它非常紧密、结实。

M.XV 遗存的第一个建筑遗迹发现于该丘堆东边。在此我们

图87　米兰遗址，从南面望 M.XIII 残塔

看到一小段明显的圆墙的内面，残高不超过2英尺，其表面残存非常模糊的彩绘。该墙（我起初认为它是环形围廊的围墙）的原始厚度，在这里及西北面（后来在这里我找出了高出地面仅6~10英寸的西北圆墙的内面遗存）都无法看出。如 M.III 和 M.V 那样，圆墙不一定就是塔的围墙，而有可能是放置泥塑大佛像的圆形佛

图88　米兰遗址，M.XV佛寺所在的土堆

殿或毗珂罗，这一点在清理硬块垃圾时变得十分清楚。我们未发现像倒塌的围墙以及圆形大厅的圆顶那样的塔基痕迹，而代之出土的是一系列埋于垃圾中的泥塑头像，证明以前曾放置塑像，但由于墙壁及拱顶的塌落而把它们完全压碎了。

随后，从丘堆的西南部出土了两个泥塑菩萨头像（M.XV.014、

017，见图89）。虽然它们的质地非常脆弱，但模样精致，脸部还带有部分色彩。在另一边还发现了真人头大小的头像（M.XV.015，见图90），其眼睛及前额厚重的鬈发装饰不同一般，非常有趣。在丘堆西部高3英尺的地方，发现两个略比真人头大些的佛头像，其旁边有一块魔鬼样的怪异头像的残片（M.XV.013，见图91）。近旁还发现了一个巨大的坐佛像的右腿和身子，但在清除它上面厚重的建筑物时被损坏了。这个（头及四肢已残）塑像的服饰处理极似在 M.II 发现的巨型坐佛。东边一个巨佛的头像已经被严重损坏，脸面朝下，夹杂于瓦砾堆中，除非把它彻底破坏，否则根本取不出来。在丘堆正中心高4英尺的地方，有一个坐佛像，其膝部也出现同样的情况。

我们在废墟堆中，曾徒然寻找过这些塑像所在的原来位置。从倒塌下来的泥瓦结构的情形看，灰泥雕塑物事实上逃脱不了完全的毁坏。毫无疑问，圆形大厅的围墙以及它所承载的圆顶，肯定是向内倒塌的。我们发现的一部分土坯规格与 M.III~M.V 发现的那些相似，此外，我们还发现了长达2英尺的长方形土坯，以及非常坚硬的黏土板块，后者有一些边缘是突起的。那时我感到这些大型土坯和厚泥板块可能专用于圆形拱顶。据我从印度现存例子中所获得的知识，这个圆形大厅的跨度达19英尺至20英尺，超过了早期拱顶所能达到的最大尺度。最后还需说明的是，在丘堆遗址的东边附近发现了一些人骨碎片，如同我在硕尔楚克附近明屋遗址的佛殿上多次发现的那样，也许它们来自墓葬之中。

图89　泥塑菩萨头像

图90　泥塑菩萨头像

图91　魔鬼头像

上面详述的泥塑残片，仅是彻底清理寺院遗址时出土的具有直接考古意义的遗物。鉴于塔里木盆地佛教雕塑艺术较为保守，因此要根据它们来得出准确的年代是非常困难的。但就其风格的发展来说，我们可肯定该佛寺与1907年我考察的 M.II 佛殿（毗珂罗）遗址相比在年代上应是一致的，均为公元5世纪。当然，其年代稍晚一些也是可能的。

根据 M.XIV 佛寺遗址本身和吐蕃文记载以及总的地形学背景来判断，我倾向性地认为，遗址（1907年考察过）的使用时间比它所在的沙砾戈壁北面地区的使用时间要短得多。从沙丘和平地上生长着的大量红柳来看，这一地区现仍有地下水，所以几乎不见风蚀现象，否则松软的黄土将非常容易被风蚀。当然，可能还有一些古物、遗迹还隐藏于这块令人迷惑的荒地之中。尽管我曾许以丰厚的奖励，但罗布里克人不愿再透露有关线索，而且各种紧张的工作完全占用了我们在米兰的停留时间，也使我们不能进行仔细且全面的搜寻。

在上述考古工作的同时，我还要进行考察的准备工作。我打算派出几组人马前往塔里河尾间沼泽北面和东北面的沙漠地区进行考察。物资的匮乏以及米兰罗布里克人难以捉摸的狡猾，使我在后勤供应和交通工具方面面临着极大的困难，因此我不得不离开若羌。可以说，将来的考察完全依赖于我的交通工具，但我在米兰仅增添了两只虚弱的骆驼，而从克里雅租用的10头牲畜显然不能长时间地在沙漠中使用，它们的主人被可畏的前途所吓倒，常唠叨去沙漠的危险，叫嚷着要离去。

除了这些原因，还有一个原因也使我焦虑不安。我到达米兰还不到一个星期，就接到了来自马继业先生的信，告知我一些消极的消息。乌鲁木齐省政府新近签发了一道命令，要所有的地区权力机关阻止我们进行任何的调查工作，如果我们继续进行考察，就加以逮捕，并押送到喀什噶尔"根据条约进行惩处"。这里无须讨论这道命令的任何动机，也不必讨论中国颁布的法令是否具体地适用于我们这样偏远地区的考察活动。不管怎样，我的这位警惕性很高的朋友立即在喀什噶尔用俄国人的电报系统经伊尔凯什塔木给英国驻北京公使发了一封电报，恳请从中调停。但我估计北京来的调停结果将需数月时间才能在这边远地区奏效，因此我认为只要考察活动未被强令停止，我就可以利用中国人被动消极的态度来实现我的计划。我清醒地认识到，如果我被勒令停止考察，我的计划将完全落空，因为在沙漠里工作的时间是非常有限的，只能在寒冷的冬季进行。

很快，从喀拉库木回族按办那里发出的命令副本经若羌转到了我手上。以前，我为了在紧随其后的春季中进行额济纳河地区的考察工作，曾请求过这位官员给我找一个蒙古翻译。不用说，拒绝我请求的借口也就顺便地由这个文件副本说明了。当我看到我的干瘦、古怪的中文秘书李师爷灰黄的脸色时，我就猜出了这道命令的重要程度以及所表达的精神了（我相信，当热忱和勇敢的蒋师爷阅读这份文件并进行解释的时候，定会露出一种愤怒的灰色面容）。幸运的是，尽管李师爷沉默寡言，忧郁不欢，但倒可以相信他能保守住这个令人沮丧的消息。

每天傍晚，当我从工作的遗址上回来时，我总会忧虑地试图在慵懒的罗布里克村民中寻找消极抵制的迹象，因为他们天生迟钝，感情很容易表露出来。幸运的是，料想中来自若羌的禁令从未来到，我得以逃脱令我烦恼的阻挠。后来我才弄清楚，这要感谢适时发生的"革命"运动。原来的地区官员（前按办）曾把拉尔·辛格的调查活动向上汇报成"搞秘密活动"，从而被省部官员抓住把柄，堂而皇之地下令把他赶走。而把这位前按办轰下台的那帮"革命者"在组建自己的衙门时，如果看见了这道命令，他们定会在执行这道命令时表现出特别的热忱，以巴结省总部的官员们。但自封的按办在被杀害之前，肯定还有更紧急、更有利可图的事务要处理，所以没看见或没顾得上这道命令。后来的军事指挥官，严格地遵从中国官方的习俗，小心谨慎地不过问民事，把所有的文件封存于衙门之中，直到从乌鲁木齐派来的新按办到任为止。当我仍在米兰的时候，这位新按办确实已经抵达了若羌，但他在正式接管官印之前未曾翻阅衙门的文件。他是一支小部队的长官，是一个亲切的老战士，当他经过若羌的时候，为了安全起见，我曾拜见过他。后来他在处决完俘获的造反者后，很快赶往且末。

上述这些情况（我当时并不都很清楚）避免了我长期担忧的来自官方的阻挠，这也是我多次紧急地向若羌请求支援骆驼而没有一点反应的原因。在我几乎绝望的最后关头，幸运之神来到了。

当马继业先生传来的令人惊慌的消息到达米兰的那天，从敦煌方向的沙漠小道上来了一位名叫谢·阿里汗的商人，他是来自印度西北边疆一位巴乔尔，富有进取心。1907年我在敦煌时曾遇见过他，并托他把一封邮件带到喀什噶尔，发往欧洲，我对他的帮助一直心存感激。这位勇敢和聪明的帕坦人这次又行进于从遥远的四川到莎车的两年一次的旅行途上，他带领的驼队有40多只骆驼，主要运载的是茶叶。他的及时出现，使我一下子从令人焦虑的消息中解脱出来。当他了解到我所面临的严重的交通难题时，便立即让他从敦煌租用的驼队在若羌停留，他本人则从若羌回到这里，目的是用他自己的牧畜来帮我运输古物，因为我在进行沙漠考察前，急于想把这些古物安全地运往喀什噶尔。由此我们前往敦煌的沉重的装备和货物的交通运输，以及长途旅行中14匹马的草料供应问题都得到了解决。

但是，我们依然面临着很大的困难。尽管拉尔·辛格工作已经非常辛苦，但他希望尽快地再工作，因此我安排他去调查库鲁克河及其支流的古代河床。通过这些河道，孔雀河的水曾经到达过现已是沙漠的库鲁克塔格低山丘陵以南地区。最初中国人即通过这一地区的道路进入塔里木盆地，其证据是楼兰遗址。该遗址是赫定博士于1900年首次发现的，1907年时我曾考察过，我们计划会合于此。由于我没有租用到足够的牲畜，不可能额外为拉尔·辛格的艰苦旅行派出骆驼，于是我不得不于1月23日让他带着租用的马匹，沿塔里木河向北前往铁干里克。我希望他能在那里带上四个月前我在喀什噶尔向阿布都热依木预约的骆驼。阿布都热依木是铁干里克勇敢的猎人，是拉尔·辛格在库鲁克塔格调查时的老向导，我相信他会准备好这些骆驼。我不知道阿布都热依木是否能接到我的指示以及现在何处，同时我对乌鲁木齐官方的禁令是否会使这次安排夭折也不得而知。

由于交通困难和另外一些考虑，在罗布泊沙漠调查中调查员穆罕默德·亚库卜的工作安排颇费我的脑筋。我原打算让他在现在的喀拉库顺沼泽地东缘周围（那里是古代罗布泊的罗布海的所在，但现已干涸成盐碱荒地）进行调查，然后考察后者（罗布海）的东北岸，直至楼兰遗址的范围，在那里与我们会合。这个计划主要是从地理学的方面来考虑的，但我现在不得不放弃了。一方面，我不可能给穆罕默德·亚库卜的小队配备足够的骆驼以及在未被考察过的沙漠地区至少工作三个星期所需的冰块；另一方面凭旅行经验，我认为，虽然这个调查员天性勇敢，而且非常愿意去做这份工作，但派他去从事这类独立的工作，他自己及小队的安全能否保证是个严重的问题。所以，我决定派他带着5只骆驼，沿着（已结成盐碱硬壳）罗布盆地南岸的沙漠小道，前往库木库克附近的地点。我们在前一次考察中，已大致确定了古代罗布泊的最东延部分，所以他的这次任务是向疏勒河的终端拉一条水平线，目的是尽可能比以前更确切地确定疏勒河与塔里木河尾闾盆地的地理关系。

我给自己安排的任务主要是在库鲁克河干涸地带进行考察，

图92　米兰启运壁画箱

尽可能地寻找和发掘任何古代遗存，以及确定从楼兰遗址向东至
敦煌西边城墙末端的古道。为了确保后一个更危险的工作，以及
罗布海湖床北面和东北部分的调查（未调查过，盐碱硬壳）有足够
的时间，我假设那条古道一定经过我要调查的地区，我估计在那
里进行抢救性发掘是必不可少的，所以我要尽可能地多带一些劳
力以及用水。

我成功地集拢了30只骆驼，但相对于所要携带的大量货物和行李来说，这一数量绝不是太多了。我们不得不带上足够的冰，以保证35个人至少一个月的最低用水量，还有全体人员一个月的食物供应及我们自己后一个月的食物和水。此外，我们还得带上抵御沙漠刺骨寒风的皮毛、毛毡等成套的御寒服装，以及银币、照相感光版和其他一些不可缺少的物资。除了我们自己精良的牲畜，我还预备了少数能胜任沙漠地区长久任务的牲畜，它们既不驮粮，也不载水。所以理所当然，为了尽可能地减少骆驼的负载量，民工们必须随身携带一些个人的行李。更不用说，每个人都得步行。

　　1914年1月31日，当所有的必需物品归拢起来的时候，我终于松了一大口气。同一天，出土的壁画也被牢固地包扎起来，准备运往西方（图92）。但是令我感到最高兴的是，我们不久就可进入沙漠深处，在那里，我可以完全摆脱所有的人为干扰，更何况那里有着令人迷恋的古物和重要的地理现象，它们定会极大地回报我在途中所遇到的环境困难和承担的各种风险。